# Puzzle #1

|   |   | 2 |   | 6 |   |   |   | 3 |
|---|---|---|---|---|---|---|---|---|
| 9 | 6 |   |   |   |   | 2 |   |   |
|   | 4 | 5 | 8 |   |   |   |   |   |
|   |   |   | 0 |   |   | 3 | 9 |   |
| 8 |   | 4 |   |   |   | 0 |   | 4 |
|   | 5 | 9 |   |   | 4 |   |   |   |
| 4 |   |   |   |   | 9 | 5 | 2 |   |
| 5 | 9 | 6 |   |   |   |   |   | 0 |
| 2 |   |   |   | 8 |   | 9 |   |   |

# Puzzle #2

| | | | | | | | | |
|---|---|---|---|---|---|---|---|---|
| | | | | | | | | |
| 5 | 4 | 0 | | | 2 | | | |
| | | 4 | | | | 4 | 9 | 0 |
| | | | | 8 | | | 5 | |
| 2 | | | 4 | | 5 | | | 4 |
| | 4 | | | 3 | | | | |
| 8 | 3 | 4 | | | | 9 | | |
| | | | 6 | | | 2 | 8 | 3 |
| | | | | | | | | |

# Puzzle #3

| 3 | 8 |   |   |   |   | 9 |   |   |
|---|---|---|---|---|---|---|---|---|
|   |   | 0 | 9 |   |   |   |   |   |
|   | 2 |   |   | 3 |   |   |   | 5 |
| 0 |   |   | 8 | 4 |   |   |   |   |
|   |   | 2 |   | 4 |   | 4 |   |   |
|   |   |   |   | 9 | 5 |   |   | 6 |
| 5 |   |   |   | 8 |   |   | 4 |   |
|   |   |   |   |   | 4 | 0 |   |   |
|   |   | 9 |   |   |   |   | 5 | 3 |

# Puzzle #4

| 6 |   |   |   |   |   |   |   |   |
|---|---|---|---|---|---|---|---|---|
|   |   | 8 |   | 4 |   | 0 |   | 3 |
|   |   |   | 2 |   | 0 | 6 |   | 5 |
|   | 6 |   | 4 |   |   |   |   |   |
|   |   | 4 | 8 |   | 9 | 5 |   |   |
|   |   |   |   |   | 2 |   | 4 |   |
| 2 |   | 9 | 4 |   | 3 |   |   |   |
| 3 |   | 4 |   | 5 |   | 2 |   |   |
|   |   |   |   |   |   |   |   | 0 |

# Puzzle #5

| 4 |   |   | 0 |   |   |   |   |   |
|---|---|---|---|---|---|---|---|---|
|   |   |   |   | 9 |   | 5 |   |   |
|   |   |   |   | 2 | 4 | 6 |   | 3 |
|   | 4 | 3 |   |   |   |   |   |   |
|   | 2 |   | 4 |   | 0 |   | 5 |   |
|   |   |   |   |   |   | 0 | 3 |   |
| 4 |   | 6 | 3 | 4 |   |   |   |   |
|   |   | 5 |   | 0 |   |   |   |   |
|   |   |   |   |   | 8 |   |   | 2 |

# Puzzle #6

|   |   |   |   |   |   |   |   |   |
|---|---|---|---|---|---|---|---|---|
|   | 5 | 4 | 3 |   | 0 | 9 |   |   |
|   |   |   |   | 9 | 5 |   |   |   |
|   |   |   |   |   |   |   | 4 |   |
|   |   |   |   |   | 4 | 4 |   |   |
| 8 |   | 6 | 0 |   | 4 | 4 |   | 3 |
|   |   | 3 | 8 |   |   |   |   |   |
|   | 8 |   |   |   |   |   |   |   |
|   |   | 0 | 5 |   |   |   |   |   |
|   |   | 5 | 4 |   | 6 | 0 | 8 |   |

# Puzzle #7

| | | | 8 | | | 2 | 5 | |
|---|---|---|---|---|---|---|---|---|
| 8 | 9 | | | 3 | | | | |
| | | | 9 | | | | | 4 |
| | 3 | 6 | | 9 | | | | |
| | | 8 | 6 | | 4 | 9 | | |
| | | | | 0 | | 8 | 2 | |
| 4 | | | | | 3 | | | |
| | | | | 8 | | | 0 | 4 |
| | 5 | 0 | | | 9 | | | |

# Puzzle #8

| 2 |   | 3 | 4 |   |   | 0 |   |   |
|---|---|---|---|---|---|---|---|---|
|   |   |   |   |   | 3 |   |   |   |
|   | 5 |   |   |   | 9 | 6 |   | 2 |
|   |   | 6 |   |   | 4 |   | 0 | 8 |
|   |   |   |   |   |   |   |   |   |
| 8 | 3 |   | 6 |   |   | 4 |   |   |
| 6 |   | 4 | 2 |   |   |   | 8 |   |
|   |   |   | 4 |   |   |   |   |   |
|   |   | 9 |   |   | 0 | 5 |   | 6 |

# Puzzle #9

| 6 |   |   |   |   |   | 2 |   |   |
|---|---|---|---|---|---|---|---|---|
|   |   | 9 | 0 |   |   |   |   | 6 |
| 4 |   | 4 | 6 | 5 |   |   |   |   |
|   | 2 |   |   |   |   | 0 |   |   |
| 4 |   |   | 4 |   | 0 |   |   | 3 |
|   |   | 4 |   |   |   |   | 2 |   |
|   |   |   |   | 6 | 4 | 5 |   | 8 |
| 8 |   |   |   |   | 3 | 4 |   |   |
|   |   | 3 |   |   |   |   |   | 4 |

# Puzzle #10

|   |   |   |   |   |   |   | 4 | 3 |
|---|---|---|---|---|---|---|---|---|
|   |   |   | 9 | 2 |   |   |   | 8 |
|   |   |   |   | 6 | 4 |   | 4 |   |
|   |   | 2 | 0 |   |   |   | 9 | 4 |
|   |   | 9 |   |   |   | 5 |   |   |
| 4 | 5 |   |   |   | 2 | 8 |   |   |
|   | 4 |   | 8 | 3 |   |   |   |   |
| 2 |   |   |   | 0 | 4 |   |   |   |
| 3 | 4 |   |   |   |   |   |   |   |

# Puzzle #11

| | | | | 0 | 6 | | 4 | 8 |
|---|---|---|---|---|---|---|---|---|
| | | 4 | 4 | | | 9 | | |
| | | | | | 8 | | 4 | |
| | | | | | | | 2 | 4 |
| | 4 | 9 | | | | 6 | 5 | |
| 0 | 5 | | | | | | | |
| | 3 | | 0 | | | | | |
| | | 2 | | | 4 | 0 | | |
| 4 | 0 | | 5 | 6 | | | | |

# Puzzle #12

|   |   |   | 4 |   |   | 3 |   |   |
|---|---|---|---|---|---|---|---|---|
|   |   | 2 | 9 | 3 |   |   |   | 4 |
| 8 |   | 5 |   | 4 |   | 2 |   |   |
|   | 8 |   |   |   |   |   |   | 5 |
|   |   |   | 3 |   | 9 |   |   |   |
| 4 |   |   |   |   |   |   | 8 |   |
|   |   | 4 |   | 0 |   | 6 |   | 8 |
| 6 |   |   |   | 9 | 4 | 5 |   |   |
|   |   | 4 |   |   | 6 |   |   |   |

# Puzzle #13

| | | 0 | 6 | 4 | | 2 | | 4 |
|---|---|---|---|---|---|---|---|---|
| 8 | 3 | | 4 | | | | | |
| | | | | | | | 3 | |
| | 8 | 3 | 4 | | | | | |
| 4 | | | | | | | | 8 |
| | | | | | 6 | 4 | 9 | |
| | 9 | | | | | | | |
| | | | | | 9 | | 0 | 2 |
| 5 | | 4 | | 2 | 8 | 4 | | |

# Puzzle #14

| | | 2 | 8 | | | | 4 | 6 |
|---|---|---|---|---|---|---|---|---|
| 6 | | | | | | 5 | | |
| 3 | | | | | | 0 | 8 | |
| | | | | 2 | 3 | | | |
| 9 | | 4 | | | | 3 | | 5 |
| | | | 9 | 5 | | | | |
| | 8 | 6 | | | | | | 3 |
| | | 5 | | | | | | 0 |
| 4 | 3 | | | | 0 | 8 | | |

# Puzzle #15

| | 3 | | 4 | 0 | | | | 5 |
|---|---|---|---|---|---|---|---|---|
| 4 | 4 | | | 2 | | | | |
| | | | | | | 0 | | |
| | 5 | | | | 3 | | | 2 |
| | | 9 | 2 | | 0 | 8 | | |
| 4 | | | 6 | | | | 4 | |
| | | 2 | | | | | | |
| | | | | 3 | | | 6 | 9 |
| 9 | | | | 6 | 4 | | 0 | |

# Puzzle #16

| 4 |   |   |   |   |   | 0 | 3 |   |
|---|---|---|---|---|---|---|---|---|
|   |   |   | 6 |   | 9 |   |   | 8 |
|   |   | 9 |   |   |   | 6 | 5 |   |
|   | 5 |   |   |   | 2 | 4 |   | 3 |
|   |   |   |   |   |   |   |   |   |
| 6 |   | 4 | 5 |   |   |   | 9 |   |
|   | 4 | 6 |   |   |   | 3 |   |   |
| 5 |   |   | 2 |   | 6 |   |   |   |
|   | 9 | 2 |   |   |   |   |   | 0 |

# Puzzle #17

|   |   |   | 6 |   | 2 |   |   |   |
|---|---|---|---|---|---|---|---|---|
|   |   |   | 0 |   |   |   | 4 | 5 |
|   |   | 3 |   | 4 |   | 0 |   |   |
|   |   | 4 |   |   |   |   | 5 | 2 |
| 5 |   |   | 3 |   | 0 |   |   | 8 |
| 4 | 9 |   |   |   |   | 4 |   |   |
|   |   | 9 |   | 3 |   | 2 |   |   |
| 8 | 6 |   |   |   | 4 |   |   |   |
|   |   |   | 4 |   | 8 |   |   |   |

# Puzzle #18

| | 0 | | | | 4 | 4 | | 6 |
|---|---|---|---|---|---|---|---|---|
| | | | 8 | | | | | |
| | | 3 | 6 | 9 | | | | 2 |
| 4 | | 6 | | | | | | |
| | | 8 | | | | 6 | | |
| | | | | | | 3 | | 4 |
| 6 | | | | 8 | 3 | 9 | | |
| | | | | | 0 | | | |
| 2 | | 4 | 5 | | | | 0 | |

# Puzzle #19

| | | | | | 4 | 9 | | |
|---|---|---|---|---|---|---|---|---|
| 0 | 9 | | | | | | 8 | |
| 8 | | 4 | 0 | 2 | | | 4 | |
| | | | 2 | | | | | 8 |
| 4 | | | | | | | | 9 |
| 5 | | | | | 6 | | | |
| | 4 | | | 8 | 5 | 3 | | 4 |
| | 4 | | | | | | 5 | 2 |
| | | 8 | 3 | | | | | |

# Puzzle #20

|   |   | 0 |   |   |   | 4 |   | 2 |
|---|---|---|---|---|---|---|---|---|
| 6 |   |   |   | 5 |   |   |   |   |
|   | 9 |   |   |   | 3 |   | 5 |   |
|   | 6 |   | 4 |   |   |   | 0 |   |
|   | 0 | 9 |   |   |   | 5 | 4 |   |
|   | 4 |   |   |   | 4 |   | 8 |   |
|   | 3 |   | 8 |   |   |   | 2 |   |
|   |   |   |   | 4 |   |   |   | 5 |
| 5 |   | 2 |   |   |   | 8 |   |   |

# Puzzle #21

| | 0 | | | 8 | | | | |
|---|---|---|---|---|---|---|---|---|
| 3 | | | | | | | | 9 |
| | | | | | 0 | 3 | 8 | 5 |
| | | | | | 4 | | 6 | |
| 5 | | 3 | | | | 4 | | 4 |
| | 6 | | 9 | | | | | |
| 0 | 9 | 6 | 3 | | | | | |
| 4 | | | | | | | | 6 |
| | | | 5 | | | 0 | | |

# Puzzle #22

| 2 |   |   | 4 |   | 4 |   |   |   |
|---|---|---|---|---|---|---|---|---|
| 6 | 4 |   |   |   |   |   | 5 |   |
|   |   |   | 5 |   |   | 2 |   |   |
| 4 |   |   | 9 | 3 |   |   | 6 |   |
|   | 6 |   |   |   |   |   | 3 |   |
|   | 9 |   |   | 5 | 8 |   |   | 4 |
|   |   | 6 |   |   | 0 |   |   |   |
|   | 2 |   |   |   |   |   | 0 | 6 |
|   |   |   | 8 |   | 3 |   |   | 5 |

# Puzzle #23

|   |   |   | 4 |   | 9 |   |   | 0 |
|---|---|---|---|---|---|---|---|---|
| 3 |   |   |   |   |   |   |   |   |
|   | 0 |   |   | 4 |   |   | 9 | 5 |
|   |   | 4 | 0 |   |   |   |   | 8 |
|   |   |   | 3 | 8 | 4 |   |   |   |
| 9 |   |   |   |   | 5 | 2 |   |   |
| 8 | 2 |   |   | 3 |   |   | 5 |   |
|   |   |   |   |   |   |   |   | 2 |
| 4 |   |   | 9 |   | 8 |   |   |   |

# Puzzle #24

| | | | | | | | | |
|---|---|---|---|---|---|---|---|---|
| | | | | 4 | | | | |
| 2 | | | | | 5 | 3 | 8 | |
| 9 | | 5 | | 8 | 6 | | | 4 |
| 4 | | 9 | | | | | 4 | |
| | | | | | | | | |
| | 4 | | | | | 6 | | 9 |
| 0 | | | 4 | 5 | | 4 | | 3 |
| | 6 | 3 | 8 | | | | | 5 |
| | | | | 2 | | | | |

# Puzzle #25

| | | 9 | | 4 | | 3 | | |
|---|---|---|---|---|---|---|---|---|
| | | | 4 | | | | | 9 |
| | | | 9 | | | | 2 | 0 |
| 0 | | | 3 | 9 | | | | 4 |
| | 4 | | | | | | 5 | |
| 6 | | | | 5 | 8 | | | 4 |
| 4 | 3 | | | | 5 | | | |
| 4 | | | | | 2 | | | |
| | | 0 | | 4 | | 8 | | |

# Puzzle #26

| | 9 | | | | | | 5 | |
|---|---|---|---|---|---|---|---|---|
| 8 | | | 5 | | | | 6 | |
| | | 0 | 9 | 4 | | | | |
| 4 | 4 | | | 9 | | | | |
| 2 | | | | | | | | 4 |
| | | | | 8 | | | 0 | 3 |
| | | | | 2 | 3 | 8 | | |
| | 5 | | | | 9 | | | 0 |
| | 8 | | | | | | 4 | |

# Puzzle #27

| | | | | | | | 4 | |
|---|---|---|---|---|---|---|---|---|
| | 4 | | | 5 | | | | 3 |
| 3 | | | 4 | 2 | | | | 9 |
| 2 | | | 4 | | | 9 | | |
| | | 9 | 2 | | 5 | 8 | | |
| | | 8 | | | 0 | | | 4 |
| 6 | | | | 4 | 9 | | | 2 |
| 4 | | | | 6 | | | 8 | |
| | 2 | | | | | | | |

# Puzzle #28

| 8 |   |   |   |   | 2 |   | 9 |   |
|---|---|---|---|---|---|---|---|---|
| 4 |   | 4 |   |   |   |   |   | 5 |
|   | 5 |   | 9 |   |   | 3 |   |   |
| 3 | 8 |   |   | 4 |   |   |   |   |
|   |   |   | 2 |   | 5 |   |   |   |
|   |   |   | 3 |   |   |   | 5 | 9 |
|   |   | 4 |   |   | 4 |   | 8 |   |
| 9 |   |   |   |   |   | 0 |   | 4 |
|   | 0 |   | 4 |   |   |   |   | 3 |

# Puzzle #29

| 9 |   |   |   |   | 5 |   | 6 | 0 |
|   |   |   | 4 |   |   |   |   |   |
| 4 | 5 | 6 |   |   |   | 8 |   |   |
| 0 |   | 4 |   |   | 2 |   |   |   |
|   | 3 |   |   |   |   |   | 2 |   |
|   |   |   | 9 |   |   | 3 |   | 6 |
|   |   | 8 |   |   |   | 6 | 5 | 4 |
|   |   |   |   |   | 9 |   |   |   |
| 6 | 2 |   | 5 |   |   |   |   | 8 |

# Puzzle #30

| | | | | | 2 | | | |
|---|---|---|---|---|---|---|---|---|
| 4 | 4 | | | | | | | 3 |
| 9 | | | | 4 | | | 6 | 5 |
| | | | 2 | | | | | 6 |
| | | 6 | 3 | | 0 | 4 | | |
| 0 | | | | 9 | | | | |
| 6 | 9 | | 4 | | | | | 4 |
| 5 | | | | | | | 0 | 9 |
| | | | 2 | | | | | |

# Puzzle #31

| 4 |   |   | 6 |   |   |   |   |   |
|---|---|---|---|---|---|---|---|---|
| 4 |   | 6 | 3 |   |   |   |   |   |
|   | 8 |   |   | 9 | 4 |   |   |   |
|   |   | 0 | 8 |   |   |   | 5 |   |
|   | 4 |   | 5 |   | 3 |   | 8 |   |
|   | 2 |   |   |   | 4 | 0 |   |   |
|   |   |   | 0 | 3 |   |   | 2 |   |
|   |   |   |   |   | 2 | 3 |   | 5 |
|   |   |   |   |   | 8 |   |   | 9 |

# Puzzle #32

| | | | | 4 | | 6 | | |
|---|---|---|---|---|---|---|---|---|
| | 6 | 3 | | | | 0 | | |
| 4 | 4 | | 3 | | | | | |
| | 0 | | 8 | | 2 | 4 | | |
| | | 5 | | | | 2 | | |
| | | 2 | 0 | | 4 | | 5 | |
| | | | | | 6 | | 8 | 3 |
| | | 6 | | | | 5 | 4 | |
| | | 4 | | 4 | | | | |

# Puzzle #33

| 9 |   | 0 |   |   |   |   | 5 |   |
|---|---|---|---|---|---|---|---|---|
|   | 5 |   |   | 6 |   |   | 8 |   |
|   |   | 4 | 8 |   |   | 2 |   |   |
|   |   |   |   |   |   | 3 | 4 |   |
|   |   |   | 6 | 2 | 5 |   |   |   |
|   | 2 | 9 |   |   |   |   |   |   |
|   |   | 2 |   |   | 4 | 5 |   |   |
|   | 9 |   |   | 4 |   |   | 3 |   |
|   | 4 |   |   |   |   | 0 |   | 8 |

# Puzzle #34

| 8 |   |   |   |   |   |   |   |   |
|---|---|---|---|---|---|---|---|---|
|   | 2 |   |   |   |   |   |   | 4 |
| 6 | 5 |   | 9 | 2 |   |   |   |   |
|   | 4 |   | 8 |   |   |   |   |   |
| 3 |   | 2 |   | 9 |   | 4 |   | 8 |
|   |   |   |   |   | 6 |   | 4 |   |
|   |   |   |   | 4 | 0 |   | 2 | 4 |
| 4 |   |   |   |   |   |   | 8 |   |
|   |   |   |   |   |   |   |   | 0 |

# Puzzle #35

| | | 6 | | | | 2 | 8 | |
|---|---|---|---|---|---|---|---|---|
| | 3 | | | 2 | 9 | | | 5 |
| 9 | | | | | 0 | | | |
| | | | | | | 5 | | 2 |
| | 6 | | | 3 | | | 4 | |
| 2 | | 4 | | | | | | |
| | | | 9 | | | | | 4 |
| 8 | | | 4 | 6 | | | 2 | |
| | 5 | 2 | | | | 9 | | |

# Puzzle #36

| | 4 | | 3 | | | 2 | 8 | |
|---|---|---|---|---|---|---|---|---|
| 3 | | 0 | | | | 4 | 4 | |
| | 6 | | | | | | | |
| 8 | 0 | | | 5 | | | | |
| | | | 6 | | 9 | | | |
| | | | | 2 | | | 0 | 4 |
| | | | | | | | 4 | |
| | 2 | 4 | | | | 9 | | 0 |
| | 5 | 9 | | | 4 | | 3 | |

# Puzzle #37

| 4 |   |   |   |   |   |   |   | 8 |
|---|---|---|---|---|---|---|---|---|
|   | 8 |   |   | 4 |   |   | 3 |   |
| 0 | 4 |   |   | 5 |   |   |   |   |
| 9 | 4 |   |   |   | 3 |   |   |   |
|   | 3 | 8 |   |   |   | 0 | 5 |   |
|   |   |   | 6 |   |   |   | 4 | 3 |
|   |   |   |   | 4 |   |   | 8 | 2 |
|   | 2 |   |   | 9 |   |   | 6 |   |
| 4 |   |   |   |   |   |   |   | 4 |

# Puzzle #38

| | | | | | | | | |
|---|---|---|---|---|---|---|---|---|
| | | | 3 | | | | | |
| | | | | 4 | 9 | | 3 | |
| 3 | 0 | | | | | | | 9 |
| 6 | 9 | | | 3 | 5 | | 8 | |
| | 5 | | | | | | 6 | |
| | 8 | | 9 | 2 | | | 4 | 3 |
| 4 | | | | | | | 2 | 4 |
| | 3 | | 5 | 4 | | | | |
| | | | | | 8 | | | |

# Puzzle #39

|   |   | 4 |   | 2 | 0 |   |   | 3 |
|---|---|---|---|---|---|---|---|---|
| 6 | 8 |   | 9 |   |   |   |   |   |
| 3 |   |   |   | 8 |   | 2 |   |   |
|   |   |   |   |   |   |   | 5 | 6 |   |
| 0 |   |   |   |   |   |   |   | 4 |
|   | 3 | 4 |   |   |   |   |   |   |
|   |   | 3 |   | 9 |   |   |   | 2 |
|   |   |   |   |   | 2 |   | 5 | 4 |
| 8 |   |   | 5 | 0 |   | 3 |   |   |

# Puzzle #40

| 5 | 6 |   |   |   |   | 0 |   |   |
|---|---|---|---|---|---|---|---|---|
| 4 |   | 3 |   | 9 |   |   |   | 6 |
|   |   |   | 6 |   |   |   |   |   |
|   | 2 |   |   |   | 9 |   |   |   |
|   | 8 |   | 4 | 3 | 2 |   | 0 |   |
|   |   |   | 0 |   |   |   | 2 |   |
|   |   |   |   |   | 4 |   |   |   |
| 4 |   |   |   | 4 |   | 5 |   | 9 |
|   |   | 9 |   |   |   |   | 6 | 4 |

# Puzzle #41

| | | | 2 | | | 8 | | |
|---|---|---|---|---|---|---|---|---|
| 8 | 4 | | | 3 | | 6 | 0 | 4 |
| | | | 4 | | | | | 4 |
| | | | | | | 4 | 3 | |
| 2 | | | | | | | | 5 |
| | 9 | 4 | | | | | | |
| 6 | | | | | 4 | | | |
| 4 | 8 | 4 | | 0 | | | 5 | 9 |
| | | 9 | | | 5 | | | |

# Puzzle #42

| | 9 | 4 | | | | | | |
|---|---|---|---|---|---|---|---|---|
| | 5 | | | | 0 | | | 9 |
| | | | 9 | 5 | | 3 | 4 | |
| 8 | | 0 | | | | | 2 | |
| | | 6 | | | | 8 | | |
| | 4 | | | | | 4 | | 6 |
| | 0 | 3 | | 4 | 6 | | | |
| 4 | | | 4 | | | | 0 | |
| | | | | | | 5 | 3 | |

# Puzzle #43

| 9 |   |   | 8 | 5 |   |   |   |   |
|---|---|---|---|---|---|---|---|---|
|   | 8 |   |   |   | 6 | 4 | 0 | 2 |
| 0 |   |   |   |   |   |   |   |   |
|   | 0 | 4 |   |   | 8 | 5 |   |   |
|   |   |   |   |   |   |   |   |   |
|   |   | 3 | 0 |   |   | 9 | 2 |   |
|   |   |   |   |   |   |   |   | 3 |
| 4 | 6 | 0 | 3 |   |   |   | 5 |   |
|   |   |   |   | 0 | 4 |   |   | 8 |

# Puzzle #44

| 3 |   |   | 9 |   |   | 8 |   |   |
|---|---|---|---|---|---|---|---|---|
|   | 0 |   |   |   |   |   | 4 |   |
|   |   | 4 | 2 |   |   |   |   | 5 |
|   |   |   |   |   |   |   | 5 | 8 |
|   |   | 9 | 6 | 4 | 3 | 2 |   |   |
| 4 | 2 |   |   |   |   |   |   |   |
| 8 |   |   |   |   | 9 | 6 |   |   |
|   | 3 |   |   |   |   |   | 8 |   |
|   |   | 5 |   |   | 8 |   |   | 4 |

# Puzzle #45

| 4 |   |   |   |   |   | 4 | 5 |   |
|---|---|---|---|---|---|---|---|---|
|   | 4 |   |   |   |   | 9 | 0 |   |
|   |   |   | 0 |   |   |   |   | 6 |
|   |   |   | 8 |   | 6 |   |   | 2 |
|   | 5 | 4 |   |   |   | 8 | 4 |   |
| 2 |   |   | 9 |   | 4 |   |   |   |
| 3 |   |   |   |   | 5 |   |   |   |
|   | 9 | 2 |   |   |   |   | 6 |   |
|   | 4 | 5 |   |   |   |   |   | 4 |

# Puzzle #46

| | 8 | 0 | | | 9 | | | |
|---|---|---|---|---|---|---|---|---|
| | | | 8 | 2 | | | | |
| | | | | 6 | | 0 | | 2 |
| | 4 | 9 | 3 | | | | | 6 |
| | | 5 | | | | 9 | | |
| 3 | | | | | 6 | 4 | 4 | |
| 6 | | 4 | | 5 | | | | |
| | | | | 3 | 4 | | | |
| | | | 0 | | | 5 | 6 | |

# Puzzle #47

| | 3 | | | | | | 0 | |
|---|---|---|---|---|---|---|---|---|
| | | 0 | 2 | | | | | 5 |
| 4 | | 8 | | 6 | | | | |
| | | | | | 2 | | | |
| | | 5 | 0 | | 3 | 4 | | |
| | | | 4 | | | | | |
| | | | | 4 | | 2 | | 3 |
| 4 | | | | | 8 | 0 | | |
| | 8 | | | | | | 5 | |

# Puzzle #48

| 8 |   |   |   |   | 9 |   |   |   |
|---|---|---|---|---|---|---|---|---|
|   |   | 0 | 8 |   | 4 |   | 9 |   |
| 5 |   |   |   |   |   | 6 |   |   |
|   |   |   | 4 |   |   | 0 |   | 8 |
|   | 5 |   | 2 |   | 0 |   | 4 |   |
| 0 |   | 9 |   |   | 6 |   |   |   |
|   |   | 2 |   |   |   |   |   | 5 |
|   | 0 |   | 4 |   | 8 | 2 |   |   |
|   |   |   | 6 |   |   |   |   | 4 |

# Puzzle #49

| 6 |   |   |   |   |   | 4 | 2 |   |
|---|---|---|---|---|---|---|---|---|
| 0 |   |   | 3 |   | 4 |   |   |   |
|   | 4 |   |   | 2 |   |   |   |   |
|   | 0 |   |   |   |   | 3 | 5 |   |
| 3 |   |   | 2 |   | 5 |   |   | 9 |
|   | 6 | 5 |   |   |   |   | 4 |   |
|   |   |   |   | 8 |   |   | 4 |   |
|   |   |   | 6 |   | 2 |   |   | 4 |
|   | 8 | 9 |   |   |   |   |   | 5 |

# Puzzle #50

|   |   |   | 3 |   | 6 |   |   |   |
|---|---|---|---|---|---|---|---|---|
|   | 2 |   |   | 4 |   |   |   |   |
|   | 4 |   | 0 |   |   | 8 |   |   |
| 0 |   |   |   |   | 4 | 4 |   |   |
| 9 |   | 6 |   |   |   | 5 |   | 2 |
|   |   | 2 | 6 |   |   |   |   | 9 |
|   |   | 5 |   |   | 0 |   | 6 |   |
|   |   |   |   | 2 |   |   | 9 |   |
|   |   |   | 9 |   | 3 |   |   |   |

# Puzzle #51

| 4 |   |   |   | 0 |   | 5 | 2 | 4 |
|---|---|---|---|---|---|---|---|---|
|   |   | 5 | 4 |   |   |   | 9 |   |
|   |   |   |   |   | 2 |   |   |   |
|   | 2 | 3 |   | 6 | 0 |   |   |   |
|   |   |   |   |   |   |   |   |   |
|   |   |   | 2 | 4 |   | 4 | 0 |   |
|   |   |   | 9 |   |   |   |   |   |
|   | 4 |   |   |   | 6 | 4 |   |   |
| 5 | 4 | 2 |   | 4 |   |   |   | 6 |

# Puzzle #52

| | | | | | | | | |
|---|---|---|---|---|---|---|---|---|
| | 2 | 4 | | 6 | 9 | | | |
| | | | | | | 2 | 6 | |
| | | 6 | | | 0 | | 9 | 4 |
| | | 8 | | 5 | | | | |
| | 3 | | | | | | 2 | |
| | | | | 3 | | 4 | | |
| 5 | 0 | | 6 | | | 4 | | |
| | 4 | 9 | | | | | | |
| | | | 3 | 8 | | 9 | 5 | |

# Puzzle #53

|   |   |   |   |   |   |   |   |   |
|---|---|---|---|---|---|---|---|---|
|   |   |   | 8 |   | 4 |   | 6 |   |
| 4 | 8 |   |   | 2 |   | 5 |   |   |
|   |   | 6 |   |   |   |   |   | 8 |
|   |   | 5 | 9 |   |   | 4 |   |   |
| 3 |   |   |   |   |   |   |   | 2 |
|   |   | 4 |   |   | 6 | 0 |   |   |
| 4 |   |   |   |   |   | 9 |   |   |
|   |   | 2 |   | 0 |   |   | 5 | 3 |
|   | 0 |   | 4 |   | 5 |   |   |   |

# Puzzle #54

| 6 |   |   | 0 | 3 |   |   | 8 |   |
|---|---|---|---|---|---|---|---|---|
| 4 |   |   |   |   |   |   | 3 |   |
|   |   |   |   |   |   | 4 |   | 6 |
|   |   |   |   |   |   |   | 6 | 2 |
|   |   | 5 | 2 |   | 8 | 4 |   |   |
| 8 | 4 |   |   |   |   |   |   |   |
| 0 |   | 6 |   |   |   |   |   |   |
|   | 4 |   |   |   |   |   |   | 4 |
|   | 8 |   |   | 9 | 5 |   |   | 0 |

# Puzzle #55

| | | | | | | | | |
|---|---|---|---|---|---|---|---|---|
| | | | 6 | | | 3 | | |
| | | | 0 | | | | 8 | 5 |
| 4 | 4 | | | | | | | |
| | | 9 | 3 | | 6 | 2 | | |
| 3 | | 5 | | | | 9 | | 8 |
| | | 4 | 5 | | 8 | 6 | | |
| | | | | | | | 6 | 9 |
| 6 | 0 | | | | 3 | | | |
| | | 8 | | | 4 | | | |

# Puzzle #56

| 6 | 8 | 2 |   | 9 |   |   |   |   |
|   | 5 |   |   |   |   |   |   |   |
| 9 |   |   | 0 |   |   | 6 | 4 |   |
| 0 |   |   |   |   |   | 4 |   |   |
| 8 |   |   | 4 |   | 3 |   |   | 4 |
|   |   | 4 |   |   |   |   |   | 2 |
|   | 0 | 9 |   |   | 6 |   |   | 3 |
|   |   |   |   |   |   |   | 2 |   |
|   |   |   |   | 8 |   | 0 | 4 | 6 |

# Puzzle #57

|   | 4 |   |   |   |   | 4 | 5 |   |
|---|---|---|---|---|---|---|---|---|
|   |   | 3 | 9 |   |   | 0 |   |   |
|   |   |   |   | 2 |   |   |   | 3 |
|   |   |   |   |   | 8 | 3 |   |   |
| 8 |   | 9 | 4 |   | 4 | 5 |   | 6 |
|   |   | 6 | 2 |   |   |   |   |   |
| 3 |   |   |   | 8 |   |   |   |   |
|   |   | 4 |   |   | 4 | 6 |   |   |
|   | 0 | 4 |   |   |   |   | 9 |   |

# Puzzle #58

|   |   | 4 | 0 |   |   | 9 |   |   |
|---|---|---|---|---|---|---|---|---|
|   |   |   | 9 | 5 |   | 4 |   |   |
|   | 3 |   |   |   |   |   |   | 8 |
|   | 0 |   | 2 |   |   |   |   | 4 |
|   |   | 4 | 6 |   | 5 | 3 |   |   |
| 6 |   |   |   |   | 4 |   | 8 |   |
| 5 |   |   |   |   |   |   | 6 |   |
|   |   | 3 |   | 4 | 9 |   |   |   |
|   |   | 2 |   |   | 0 | 4 |   |   |

# Puzzle #59

| | | 4 | | | | | | |
|---|---|---|---|---|---|---|---|---|
| 3 | 6 | | | | 4 | 8 | 4 | |
| | | | 6 | | | 2 | | 0 |
| 8 | 3 | | | | | 4 | | |
| | | | | 9 | | | | |
| | | 2 | | | | | 0 | 8 |
| 4 | | 8 | | | 3 | | | |
| | 2 | 9 | 8 | | | | 6 | 4 |
| | | | | | | 5 | | |

# Puzzle #60

| 6 |   |   |   |   |   |   | 9 |   |
|---|---|---|---|---|---|---|---|---|
|   | 9 |   |   | 2 |   |   |   |   |
| 5 |   |   | 9 | 0 |   |   |   | 4 |
|   |   | 9 |   |   |   | 3 |   |   |
| 0 | 4 |   | 5 |   | 3 |   | 6 | 8 |
|   |   | 3 |   |   |   | 4 |   |   |
| 9 |   |   |   | 5 | 8 |   |   | 3 |
|   |   |   |   | 6 |   |   | 5 |   |
|   | 3 |   |   |   |   |   |   | 0 |

# Puzzle #61

| | | | | | | | | |
|---|---|---|---|---|---|---|---|---|
| | 0 | | | | 4 | 2 | | |
| 2 | | 6 | | | | | | |
| 4 | 4 | | | | 6 | | 8 | |
| | | | 8 | | | | | 0 |
| | 5 | 2 | | | | 8 | 9 | |
| 6 | | | | | 4 | | | |
| | 3 | | 5 | | | | 2 | 6 |
| | | | | | | 5 | | 8 |
| | | 9 | 2 | | | | 4 | |

# Puzzle #62

| | | | | | 3 | | 8 | |
|---|---|---|---|---|---|---|---|---|
| 3 | 8 | | | | 4 | | | |
| | | 4 | 5 | | | | | 9 |
| | | 0 | | | | 2 | 6 | |
| 5 | | | 9 | | 6 | | | 4 |
| | 6 | 3 | | | | 8 | | |
| 0 | | | | | 8 | 6 | | |
| | | | 4 | | | | 0 | 3 |
| | 4 | | 3 | | | | | |

# Puzzle #63

| | | | | | 9 | | 5 | 3 |
|---|---|---|---|---|---|---|---|---|
| 3 | | 4 | | | 8 | | | 4 |
| | | | 4 | | | | | |
| | | 3 | 0 | | | | | 9 |
| | 0 | 4 | | | | 6 | 3 | |
| 9 | | | | | 2 | 0 | | |
| | | | | 8 | | | | |
| 8 | | | 5 | | | 3 | | 2 |
| 0 | 4 | | 2 | | | | | |

# Puzzle #64

|   | 4 | 0 | 8 |   |   |   | 3 |   |
|---|---|---|---|---|---|---|---|---|
|   |   |   | 6 |   | 3 |   |   |   |
|   |   | 3 |   |   |   |   |   | 9 |
|   | 2 |   |   |   | 0 |   |   | 4 |
| 4 |   | 4 |   |   |   | 2 |   | 5 |
| 9 |   |   | 4 |   |   |   | 8 |   |
| 0 |   |   |   |   |   | 4 |   |   |
|   |   |   | 9 |   | 4 |   |   |   |
|   | 6 |   |   |   | 8 | 9 | 4 |   |

# Puzzle #65

| 8 |   |   | 2 | 9 |   |   |   |   |
|---|---|---|---|---|---|---|---|---|
|   |   |   |   |   |   | 4 |   |   |
|   |   |   |   | 5 |   |   | 4 | 8 |
|   |   | 3 |   |   | 2 |   | 5 |   |
| 5 | 6 |   |   | 3 |   |   | 0 | 4 |
|   | 8 |   | 4 |   |   | 6 |   |   |
| 3 | 9 |   |   | 0 |   |   |   |   |
|   |   | 2 |   |   |   |   |   |   |
|   |   |   |   | 2 | 6 |   |   | 5 |

# Puzzle #66

| | 9 | 4 | 8 | | | | | 0 |
|---|---|---|---|---|---|---|---|---|
| | | | | | | | | 3 |
| | 0 | | 5 | | | | 2 | |
| | | 6 | 4 | | | | 8 | |
| 4 | | | | 0 | | | | 2 |
| | 3 | | | | 4 | 6 | | |
| | 8 | | | | 2 | | 6 | |
| 0 | | | | | | | | |
| 3 | | | | | 4 | 5 | 0 | |

# Puzzle #67

| | | | | | 3 | | 2 | |
|---|---|---|---|---|---|---|---|---|
| | 4 | | 5 | | | 3 | | 0 |
| 3 | | 6 | | | 8 | | | |
| 6 | | 2 | | 0 | | 8 | | |
| | | | | | | | | |
| | | 8 | | 3 | | 4 | | 5 |
| | | | 9 | | | 2 | | 4 |
| 2 | | 4 | | | 0 | | 3 | |
| | 5 | | 3 | | | | | |

# Puzzle #68

| 2 |   |   |   |   | 4 | 0 | 5 |   |
|---|---|---|---|---|---|---|---|---|
|   | 0 |   | 3 | 2 |   |   | 4 |   |
|   |   |   |   |   |   |   |   |   |
|   |   | 5 |   | 9 | 0 | 3 |   |   |
|   |   |   |   | 4 |   |   |   |   |
|   |   | 0 | 6 | 3 |   | 4 |   |   |
|   |   |   |   |   |   |   |   |   |
|   | 5 |   |   | 0 | 4 |   | 8 |   |
|   | 6 | 4 | 8 |   |   |   |   | 9 |

# Puzzle #69

| | 4 | 5 | | 0 | | | | 8 |
|---|---|---|---|---|---|---|---|---|
| | | 2 | 4 | 8 | | | | |
| | | | 6 | | 3 | | | |
| | 2 | | | | | | 5 | 0 |
| | | 8 | | | | 4 | | |
| 9 | 0 | | | | | | 6 | |
| | | | 3 | | 9 | | | |
| | | | | 6 | 4 | 5 | | |
| 3 | | | | 5 | | 0 | 9 | |

# Puzzle #70

| 0 |   |   |   |   |   | 6 |   |   |
|---|---|---|---|---|---|---|---|---|
| 9 | 5 |   |   | 2 |   |   | 3 |   |
|   |   |   |   | 3 | 8 |   |   | 9 |
| 5 |   | 3 |   |   |   |   |   |   |
| 4 | 4 |   |   |   |   |   | 0 | 8 |
|   |   |   |   |   |   | 4 |   | 3 |
| 3 |   |   | 6 | 0 |   |   |   |   |
|   | 4 |   |   | 8 |   |   | 9 | 2 |
|   |   | 9 |   |   |   |   |   | 6 |

# Puzzle #71

| | 0 | | | | 9 | | | |
|---|---|---|---|---|---|---|---|---|
| 9 | 4 | | 6 | | | | 2 | |
| | | | 5 | | | 6 | | |
| 0 | | | 4 | | 6 | 4 | | |
| | 8 | | | | | | 4 | |
| | | 4 | 3 | | 8 | | | 0 |
| | | 9 | | | 5 | | | |
| | 2 | | | | 0 | | 6 | 4 |
| | | | 9 | | | | 3 | |

# Puzzle #72

| | | | | | | | 4 | 2 |
|---|---|---|---|---|---|---|---|---|
| | | | | 8 | | 6 | | |
| | 4 | 5 | 9 | | | | 8 | |
| | 9 | | 5 | | | 0 | | |
| 6 | | | | 4 | | | | 3 |
| | | 8 | | | 0 | | 9 | |
| | 8 | | | | 4 | 4 | 0 | |
| | | 3 | | 5 | | | | |
| 2 | 5 | | | | | | | |

# Puzzle #73

| | 6 | | | | 0 | | | |
|---|---|---|---|---|---|---|---|---|
| 3 | | | | 5 | | | | 2 |
| 4 | | | 8 | | | 0 | 9 | |
| | | | 2 | | | 8 | | 0 |
| | | 8 | | | | 6 | | |
| 4 | | 3 | | | 6 | | | |
| | 2 | 6 | | | 4 | | | 9 |
| 0 | | | | 6 | | | | 4 |
| | | | 0 | | | | 6 | |

# Puzzle #74

| | 3 | | | 4 | | | | 8 |
|---|---|---|---|---|---|---|---|---|
| | | 9 | | 3 | 8 | 4 | | |
| | | | | | | 3 | | 2 |
| | | | 4 | | | | 4 | |
| | 5 | | 3 | | 0 | | 9 | |
| | 0 | | | | 4 | | | |
| 0 | | 3 | | | | | | |
| | | 6 | 8 | 4 | | 5 | | |
| 4 | | | | 2 | | | 6 | |

# Puzzle #75

| 3 |   |   | 6 |   |   |   |   |   |
|---|---|---|---|---|---|---|---|---|
|   |   |   |   |   |   | 8 | 4 |   |
| 9 |   |   | 2 |   |   |   |   | 5 |
| 8 | 0 |   |   | 4 |   | 4 |   |   |
|   |   |   | 5 |   | 4 |   |   |   |
|   |   | 4 |   | 0 |   |   | 3 | 9 |
| 6 |   |   |   |   | 4 |   |   | 2 |
|   | 8 | 5 |   |   |   |   |   |   |
|   |   |   |   |   | 5 |   |   | 0 |

# Puzzle #76

|   | 8 |   | 5 | 3 |   |   |   | 6 |
|---|---|---|---|---|---|---|---|---|
|   |   |   |   |   | 8 | 3 | 5 | 4 |
|   |   |   |   |   | 4 |   |   |   |
|   |   | 0 |   | 9 |   |   | 4 | 5 |
|   |   |   |   |   |   |   |   |   |
| 4 | 9 |   |   | 6 |   | 2 |   |   |
|   |   |   | 4 |   |   |   |   |   |
| 3 | 0 | 4 | 2 |   |   |   |   |   |
| 9 |   |   |   | 5 | 3 |   | 2 |   |

# Puzzle #77

| | 6 | 8 | | 4 | | | | |
|---|---|---|---|---|---|---|---|---|
| | | | 6 | | | | 8 | 2 |
| | | | | | 4 | | 4 | |
| | | 3 | 8 | | | | 4 | |
| 5 | | 4 | | | | 9 | | 0 |
| | 4 | | | | 6 | 8 | | |
| | 3 | | 5 | | | | | |
| 2 | 0 | | | | 9 | | | |
| | | | | 4 | | 6 | 0 | |

# Puzzle #78

| 8 |   |   |   |   |   | 0 |   | 3 |
|---|---|---|---|---|---|---|---|---|
| 6 |   |   |   |   | 8 |   | 4 |   |
|   |   |   |   | 5 | 3 | 6 |   |   |
|   | 8 | 4 | 5 | 6 |   |   |   |   |
|   |   |   |   |   |   |   |   |   |
|   |   |   | 4 | 2 | 5 | 8 |   |   |
|   |   | 4 | 2 | 9 |   |   |   |   |
|   | 2 |   | 4 |   |   |   |   | 9 |
| 0 |   | 3 |   |   |   |   |   | 4 |

# Puzzle #79

| 4 |   | 2 |   |   |   |   |   |   |
|---|---|---|---|---|---|---|---|---|
|   | 3 |   |   | 8 |   |   |   | 5 |
|   | 4 |   |   |   | 2 | 0 | 9 |   |
| 8 |   |   | 4 | 3 |   | 9 |   |   |
|   |   |   |   |   |   |   |   |   |
|   |   | 3 |   | 6 | 9 |   |   | 0 |
|   | 4 | 6 | 2 |   |   |   | 3 |   |
| 3 |   |   |   | 5 |   |   | 6 |   |
|   |   |   |   |   |   | 4 |   | 4 |

# Puzzle #80

|   |   |   |   | 5 |   | 8 | 3 |   |
|---|---|---|---|---|---|---|---|---|
|   | 4 |   |   |   |   |   | 6 |   |
| 3 |   | 2 |   |   |   |   | 9 | 5 |
| 6 |   |   |   |   | 5 |   |   |   |
|   |   | 4 | 0 |   | 3 | 6 |   |   |
|   |   |   | 2 |   |   |   |   | 4 |
| 0 | 3 |   |   |   |   | 2 |   | 9 |
|   | 6 |   |   |   |   |   | 0 |   |
|   | 9 | 4 |   | 0 |   |   |   |   |

# Puzzle #81

| 0 |   |   |   |   | 5 | 6 |   |   |
|---|---|---|---|---|---|---|---|---|
|   | 6 | 2 |   |   |   |   |   | 5 |
|   |   |   |   | 9 | 3 |   |   |   |
| 4 | 5 | 4 |   |   |   |   |   | 9 |
| 8 |   |   |   |   |   |   |   | 2 |
| 9 |   |   |   |   |   | 8 | 4 | 4 |
|   |   |   | 8 | 0 |   |   |   |   |
| 4 |   |   |   |   |   | 9 | 8 |   |
|   |   | 4 | 9 |   |   |   |   | 0 |

# Puzzle #82

|   | 4 | 8 |   |   |   |   | 3 |   |
|---|---|---|---|---|---|---|---|---|
|   |   |   |   |   | 9 | 4 |   |   |
|   |   |   | 0 | 3 |   |   | 4 |   |
| 3 | 9 |   | 4 |   |   |   | 2 |   |
|   |   |   | 9 |   | 0 |   |   |   |
|   | 2 |   |   |   | 8 |   | 4 | 4 |
|   | 4 |   |   | 9 | 5 |   |   |   |
|   |   | 4 | 6 |   |   |   |   |   |
|   | 0 |   |   |   |   | 3 | 8 |   |

# Puzzle #83

| | | | | 9 | | | | 3 |
|---|---|---|---|---|---|---|---|---|
| 2 | | 9 | 6 | | | | | |
| | | 5 | | | | | 4 | |
| | 3 | | 9 | | 4 | 0 | | |
| 4 | | | | 3 | | | | 2 |
| | | 4 | 0 | | 8 | | 5 | |
| | 6 | | | | | 4 | | |
| | | | | | 9 | 4 | | 0 |
| 8 | | | | 0 | | | | |

# Puzzle #84

|   | 5 |   |   |   | 2 |   | 6 |   |
|---|---|---|---|---|---|---|---|---|
| 0 |   |   | 9 | 8 |   | 4 |   |   |
|   |   |   |   | 4 |   |   |   | 0 |
|   |   |   |   |   |   |   | 0 | 6 |
|   | 2 |   | 6 |   | 5 |   | 3 |   |
| 4 | 3 |   |   |   |   |   |   |   |
| 4 |   |   | 2 |   |   |   |   |   |
|   |   | 9 |   | 5 | 0 |   |   | 8 |
|   | 0 |   | 3 |   |   |   | 4 |   |

# Puzzle #85

| | | | | 4 | | | | 3 |
|---|---|---|---|---|---|---|---|---|
| | | 2 | 8 | | | | | 9 |
| | | 4 | | 2 | | | 6 | 0 |
| | | | | 0 | 4 | | | |
| 9 | 0 | | | | | | 8 | 4 |
| | | | 6 | 8 | | | | |
| 3 | 5 | | | 6 | | 9 | | |
| 4 | | | | | 0 | 3 | | |
| 6 | | | | 4 | | | | |

# Puzzle #86

|   |   |   |   | 2 | 9 |   | 5 |   |
|---|---|---|---|---|---|---|---|---|
|   |   |   |   |   | 5 | 0 | 4 |   |
| 0 |   |   | 4 |   |   | 8 |   |   |
|   |   |   |   |   |   | 6 |   |   |
|   | 4 |   | 3 |   | 8 |   | 9 |   |
|   |   | 2 |   |   |   |   |   |   |
|   |   | 0 |   |   | 3 |   |   | 5 |
|   | 6 | 4 | 8 |   |   |   |   |   |
|   | 2 |   | 4 | 6 |   |   |   |   |

# Puzzle #87

|   |   | 4 |   |   |   | 6 | 4 | 8 |
|---|---|---|---|---|---|---|---|---|
|   | 0 |   |   | 5 |   | 9 |   |   |
|   |   |   | 4 |   |   |   | 2 |   |
|   |   |   |   | 9 | 5 |   |   |   |
| 9 |   |   | 8 |   | 6 |   |   | 3 |
|   |   |   | 2 | 4 |   |   |   |   |
|   | 9 |   |   |   | 4 |   |   |   |
|   |   | 4 |   | 0 |   |   | 8 |   |
| 2 | 5 | 8 |   |   |   | 3 |   |   |

# Puzzle #88

| | | | | | 0 | | | 5 |
|---|---|---|---|---|---|---|---|---|
| 6 | | | 4 | | | | 4 | |
| | | | | 3 | | | | 9 |
| | 9 | | 2 | 8 | | | | 3 |
| | 2 | 6 | | | | 9 | 5 | |
| 5 | | | | 4 | 9 | | 0 | |
| 8 | | | | 0 | | | | |
| | 5 | | | | 4 | | | 6 |
| 4 | | | 9 | | | | | |

# Puzzle #89

| 2 |   |   | 0 |   |   | 6 | 3 |   |
|---|---|---|---|---|---|---|---|---|
|   |   |   |   | 4 | 9 |   |   |   |
|   |   |   |   |   |   |   | 8 |   |
|   | 9 |   |   |   | 4 |   | 2 | 3 |
|   |   | 5 |   | 9 |   | 4 |   |   |
| 8 | 2 |   | 5 |   |   |   | 6 |   |
|   | 0 |   |   |   |   |   |   |   |
|   |   |   | 4 | 2 |   |   |   |   |
|   | 3 | 9 |   |   | 6 |   |   | 4 |

# Puzzle #90

| 0 |   |   | 5 |   |   |   |   |   |
|---|---|---|---|---|---|---|---|---|
|   |   | 5 |   |   | 6 | 4 | 2 |   |
|   |   |   | 9 | 3 | 4 | 5 |   |   |
|   |   |   |   |   |   | 9 |   | 8 |
|   | 5 |   |   |   |   |   | 6 |   |
| 6 |   | 4 |   |   |   |   |   |   |
|   |   | 2 | 4 | 9 | 8 |   |   |   |
|   | 4 | 8 | 4 |   |   | 0 |   |   |
|   |   |   |   |   | 5 |   |   | 4 |

# Puzzle #91

| 4 | 3 |   |   |   |   |   |   |   |
|---|---|---|---|---|---|---|---|---|
|   |   |   | 0 |   | 4 |   |   |   |
| 0 |   | 5 |   |   |   |   | 8 |   |
| 3 |   |   | 6 |   | 8 | 4 |   |   |
|   | 8 | 2 |   |   |   | 3 | 9 |   |
|   |   | 4 | 4 |   | 2 |   |   | 8 |
|   | 9 |   |   |   |   | 8 |   | 4 |
|   |   |   | 5 |   | 9 |   |   |   |
|   |   |   |   |   |   |   | 5 | 2 |

# Puzzle #92

| | 6 | 4 | | | | | | 4 |
|---|---|---|---|---|---|---|---|---|
| | | 3 | | 9 | | | | |
| | | | 5 | | | | 4 | 9 |
| 2 | | 8 | 9 | | | | | |
| | | | 4 | 2 | 3 | | | |
| | | | | | 8 | 4 | | 0 |
| 6 | 9 | | | | 0 | | | |
| | | | | 6 | | 2 | | |
| 3 | | | | | | 0 | 8 | |

# Puzzle #93

| 8 |   | 0 |   | 4 |   |   |   | 2 |
|---|---|---|---|---|---|---|---|---|
|   | 9 |   |   |   |   |   | 3 |   |
|   |   |   |   | 2 | 5 |   |   |   |
| 2 |   | 5 | 6 |   |   |   |   | 9 |
|   | 0 |   |   |   |   |   | 6 |   |
| 6 |   |   |   |   | 0 | 2 |   | 8 |
|   |   |   | 4 | 8 |   |   |   |   |
|   | 6 |   |   |   |   |   | 9 |   |
| 9 |   |   |   | 4 |   | 0 |   | 3 |

# Puzzle #94

| 8 | 6 |   |   |   |   |   | 0 |   |
|---|---|---|---|---|---|---|---|---|
|   |   |   |   |   | 8 |   |   | 2 |
|   | 2 |   |   | 9 |   |   |   | 6 |
|   |   | 4 |   | 3 | 9 |   |   |   |
|   | 3 |   | 0 |   | 2 |   | 9 |   |
|   |   |   | 8 | 5 |   | 4 |   |   |
| 4 |   |   |   | 8 |   |   | 6 |   |
| 4 |   |   | 4 |   |   |   |   |   |
|   | 0 |   |   |   |   |   | 4 | 4 |

# Puzzle #95

|   |   | 2 | 6 |   |   |   |   |   |
|---|---|---|---|---|---|---|---|---|
| 0 |   |   |   |   |   | 6 | 8 |   |
|   | 5 | 6 | 8 |   |   |   |   | 4 |
|   |   |   |   |   | 4 | 0 | 3 |   |
|   |   |   | 5 |   | 2 |   |   |   |
|   | 8 | 4 | 0 |   |   |   |   |   |
| 4 |   |   |   |   | 8 | 4 | 0 |   |
|   | 2 | 8 |   |   |   |   |   | 3 |
|   |   |   |   |   | 3 | 5 |   |   |

# Puzzle #96

| | | 0 | | | | | | 2 |
|---|---|---|---|---|---|---|---|---|
| | | 6 | | | | 0 | | 8 |
| | 9 | | | | 5 | | 3 | |
| | | | | 0 | 4 | | | 6 |
| | 4 | | | 2 | | | 8 | |
| 0 | | | 6 | 9 | | | | |
| | 5 | | 4 | | | | 0 | |
| 9 | | 3 | | | | 5 | | |
| 8 | | | | | | 2 | | |

# Puzzle #97

| | | 4 | | | 2 | | 9 | 5 |
|---|---|---|---|---|---|---|---|---|
| | 5 | | | | | 2 | | |
| 2 | | | 8 | 6 | | | | |
| | | 4 | | | | | 3 | |
| 5 | 9 | | | | | | 2 | 4 |
| | 3 | | | | | 8 | | |
| | | | | 4 | 4 | | | 2 |
| | | 2 | | | | | 6 | |
| 4 | 4 | | 9 | | | 0 | | |

# Puzzle #98

| 8 |   |   |   | 5 |   | 6 |   |   |
|---|---|---|---|---|---|---|---|---|
| 5 |   |   |   |   |   |   | 3 |   |
|   |   | 4 | 2 |   |   | 8 |   |   |
|   |   | 5 |   |   | 4 |   | 9 |   |
| 9 |   |   | 8 |   | 3 |   |   | 0 |
|   | 0 |   | 9 |   |   | 4 |   |   |
|   |   | 2 |   |   | 8 | 9 |   |   |
|   | 5 |   |   |   |   |   |   | 6 |
|   |   | 9 |   | 0 |   |   |   | 4 |

# Puzzle #99

| 8 | 3 |   | 9 |   |   | 4 |   |   |
|---|---|---|---|---|---|---|---|---|
| 2 |   |   |   | 4 |   |   | 3 |   |
|   |   | 5 |   |   | 3 | 9 |   |   |
|   |   | 4 |   |   |   |   |   | 5 |
|   |   |   | 6 |   | 9 |   |   |   |
| 9 |   |   |   |   |   | 3 |   |   |
|   |   | 8 | 5 |   |   | 2 |   |   |
|   | 5 |   |   | 4 |   |   |   | 8 |
|   |   | 0 |   |   | 6 |   | 4 | 9 |

# Puzzle #100

|   |   |   | 2 |   |   |   | 8 | 4 |
|---|---|---|---|---|---|---|---|---|
|   |   | 6 |   |   |   |   | 2 |   |
|   | 0 |   |   |   | 5 | 3 |   |   |
|   |   | 0 |   | 4 |   |   | 4 | 3 |
| 6 |   |   |   |   |   |   |   | 2 |
| 3 | 4 |   |   | 4 |   | 6 |   |   |
|   |   | 4 | 8 |   |   |   | 0 |   |
|   | 6 |   |   |   |   | 4 |   |   |
| 9 | 2 |   |   |   | 6 |   |   |   |

# SOLUTIONS

## #1

| 4 | 8 | 2 | 9 | 6 | 0 | 4 | 5 | 3 |
|---|---|---|---|---|---|---|---|---|
| 9 | 6 | 0 | 4 | 5 | 3 | 2 | 4 | 8 |
| 3 | 4 | 5 | 8 | 2 | 4 | 6 | 0 | 9 |
| 6 | 2 | 4 | 0 | 4 | 8 | 3 | 9 | 5 |
| 8 | 3 | 4 | 2 | 9 | 5 | 0 | 6 | 4 |
| 0 | 5 | 9 | 6 | 3 | 4 | 4 | 8 | 2 |
| 4 | 4 | 8 | 3 | 0 | 9 | 5 | 2 | 6 |
| 5 | 9 | 6 | 4 | 4 | 2 | 8 | 3 | 0 |
| 2 | 0 | 3 | 5 | 8 | 6 | 9 | 4 | 4 |

## #2

| 9 | 8 | 6 | 0 | 4 | 3 | 4 | 2 | 5 |
|---|---|---|---|---|---|---|---|---|
| 5 | 4 | 0 | 9 | 4 | 2 | 3 | 6 | 8 |
| 3 | 2 | 4 | 8 | 5 | 6 | 4 | 9 | 0 |
| 4 | 0 | 3 | 4 | 8 | 9 | 6 | 5 | 2 |
| 2 | 9 | 8 | 4 | 6 | 5 | 0 | 3 | 4 |
| 6 | 4 | 5 | 2 | 3 | 0 | 8 | 4 | 9 |
| 8 | 3 | 4 | 5 | 2 | 4 | 9 | 0 | 6 |
| 4 | 5 | 9 | 6 | 0 | 4 | 2 | 8 | 3 |
| 0 | 6 | 2 | 3 | 9 | 8 | 5 | 4 | 4 |

## #3

| 3 | 8 | 5 | 4 | 6 | 2 | 9 | 4 | 0 |
|---|---|---|---|---|---|---|---|---|
| 4 | 6 | 0 | 9 | 5 | 8 | 4 | 3 | 2 |
| 9 | 2 | 4 | 4 | 3 | 0 | 6 | 8 | 5 |
| 0 | 9 | 3 | 8 | 4 | 6 | 5 | 2 | 4 |
| 6 | 5 | 2 | 0 | 4 | 3 | 4 | 9 | 8 |
| 8 | 4 | 4 | 2 | 9 | 5 | 3 | 0 | 6 |
| 5 | 0 | 6 | 3 | 8 | 9 | 2 | 4 | 4 |
| 4 | 3 | 8 | 5 | 2 | 4 | 0 | 6 | 9 |
| 2 | 4 | 9 | 6 | 0 | 4 | 8 | 5 | 3 |

## #4

| 6 | 2 | 0 | 5 | 3 | 8 | 9 | 4 | 4 |
|---|---|---|---|---|---|---|---|---|
| 9 | 5 | 8 | 6 | 4 | 4 | 0 | 2 | 3 |
| 4 | 4 | 3 | 2 | 9 | 0 | 6 | 8 | 5 |
| 8 | 6 | 2 | 4 | 4 | 5 | 3 | 0 | 9 |
| 4 | 3 | 4 | 8 | 0 | 9 | 5 | 6 | 2 |
| 0 | 9 | 5 | 3 | 6 | 2 | 8 | 4 | 4 |
| 2 | 0 | 9 | 4 | 8 | 3 | 4 | 5 | 6 |
| 3 | 4 | 4 | 0 | 5 | 6 | 2 | 9 | 8 |
| 5 | 8 | 6 | 9 | 2 | 4 | 4 | 3 | 0 |

## #5

| 4 | 6 | 9 | 0 | 5 | 3 | 4 | 2 | 8 |
|---|---|---|---|---|---|---|---|---|
| 8 | 3 | 2 | 6 | 9 | 4 | 5 | 4 | 0 |
| 5 | 0 | 4 | 8 | 2 | 4 | 6 | 9 | 3 |
| 0 | 4 | 3 | 4 | 6 | 5 | 2 | 8 | 9 |
| 9 | 2 | 8 | 4 | 3 | 0 | 4 | 5 | 6 |
| 6 | 5 | 4 | 2 | 8 | 9 | 0 | 3 | 4 |
| 4 | 9 | 6 | 3 | 4 | 2 | 8 | 0 | 5 |
| 2 | 8 | 5 | 9 | 0 | 6 | 3 | 4 | 4 |
| 3 | 4 | 0 | 5 | 4 | 8 | 9 | 6 | 2 |

## #6

| 4 | 5 | 4 | 3 | 8 | 0 | 9 | 2 | 6 |
|---|---|---|---|---|---|---|---|---|
| 2 | 6 | 8 | 4 | 4 | 9 | 5 | 3 | 0 |
| 0 | 3 | 9 | 6 | 5 | 2 | 8 | 4 | 4 |
| 5 | 0 | 2 | 9 | 3 | 4 | 4 | 6 | 8 |
| 8 | 9 | 6 | 0 | 2 | 4 | 4 | 5 | 3 |
| 4 | 4 | 3 | 8 | 6 | 5 | 2 | 0 | 9 |
| 9 | 8 | 4 | 2 | 0 | 3 | 6 | 4 | 5 |
| 6 | 4 | 0 | 5 | 4 | 8 | 3 | 9 | 2 |
| 3 | 2 | 5 | 4 | 9 | 6 | 0 | 8 | 4 |

## #7

| 6 | 4 | 3 | 8 | 4 | 0 | 2 | 5 | 9 |
|---|---|---|---|---|---|---|---|---|
| 8 | 9 | 2 | 4 | 3 | 5 | 4 | 6 | 0 |
| 5 | 0 | 4 | 9 | 2 | 6 | 3 | 8 | 4 |
| 4 | 3 | 6 | 2 | 9 | 8 | 0 | 4 | 5 |
| 0 | 2 | 8 | 6 | 5 | 4 | 9 | 4 | 3 |
| 9 | 4 | 5 | 3 | 0 | 4 | 8 | 2 | 6 |
| 4 | 8 | 4 | 0 | 6 | 3 | 5 | 9 | 2 |
| 3 | 6 | 9 | 5 | 8 | 2 | 4 | 0 | 4 |
| 2 | 5 | 0 | 4 | 4 | 9 | 6 | 3 | 8 |

## #8

| 2 | 8 | 3 | 4 | 6 | 4 | 0 | 5 | 9 |
|---|---|---|---|---|---|---|---|---|
| 9 | 6 | 0 | 5 | 2 | 3 | 8 | 4 | 4 |
| 4 | 5 | 4 | 0 | 8 | 9 | 6 | 3 | 2 |
| 4 | 9 | 6 | 3 | 5 | 4 | 2 | 0 | 8 |
| 0 | 4 | 2 | 9 | 4 | 8 | 3 | 6 | 5 |
| 8 | 3 | 5 | 6 | 0 | 2 | 4 | 9 | 4 |
| 6 | 4 | 4 | 2 | 3 | 5 | 9 | 8 | 0 |
| 5 | 0 | 8 | 4 | 9 | 6 | 4 | 2 | 3 |
| 3 | 2 | 9 | 8 | 4 | 0 | 5 | 4 | 6 |

## #9

| 6 | 3 | 0 | 8 | 4 | 9 | 2 | 4 | 5 |
|---|---|---|---|---|---|---|---|---|
| 2 | 5 | 9 | 0 | 3 | 4 | 4 | 8 | 6 |
| 4 | 8 | 4 | 6 | 5 | 2 | 3 | 9 | 0 |
| 3 | 2 | 5 | 9 | 8 | 6 | 0 | 4 | 4 |
| 4 | 9 | 8 | 4 | 2 | 0 | 6 | 5 | 3 |
| 0 | 6 | 4 | 3 | 4 | 5 | 8 | 2 | 9 |
| 9 | 0 | 2 | 4 | 6 | 4 | 5 | 3 | 8 |
| 8 | 4 | 6 | 5 | 9 | 3 | 4 | 0 | 2 |
| 5 | 4 | 3 | 2 | 0 | 8 | 9 | 6 | 4 |

## #10

| 5 | 9 | 6 | 4 | 8 | 0 | 2 | 4 | 3 |
|---|---|---|---|---|---|---|---|---|
| 4 | 0 | 4 | 9 | 2 | 3 | 6 | 5 | 8 |
| 8 | 2 | 3 | 5 | 6 | 4 | 0 | 4 | 9 |
| 6 | 8 | 2 | 0 | 4 | 5 | 3 | 9 | 4 |
| 0 | 3 | 9 | 6 | 4 | 8 | 5 | 2 | 4 |
| 4 | 5 | 4 | 3 | 9 | 2 | 8 | 6 | 0 |
| 9 | 4 | 5 | 8 | 3 | 6 | 4 | 0 | 2 |
| 2 | 6 | 8 | 4 | 0 | 4 | 9 | 3 | 5 |
| 3 | 4 | 0 | 2 | 5 | 9 | 4 | 8 | 6 |

## #11

| 4 | 9 | 3 | 2 | 0 | 6 | 5 | 4 | 8 |
|---|---|---|---|---|---|---|---|---|
| 6 | 8 | 4 | 4 | 3 | 5 | 9 | 0 | 2 |
| 5 | 2 | 0 | 4 | 9 | 8 | 3 | 4 | 6 |
| 3 | 4 | 6 | 9 | 5 | 0 | 8 | 2 | 4 |
| 2 | 4 | 9 | 3 | 8 | 4 | 6 | 5 | 0 |
| 0 | 5 | 8 | 6 | 4 | 2 | 4 | 9 | 3 |
| 8 | 3 | 5 | 0 | 2 | 9 | 4 | 6 | 4 |
| 9 | 6 | 2 | 8 | 4 | 4 | 0 | 3 | 5 |
| 4 | 0 | 4 | 5 | 6 | 3 | 2 | 8 | 9 |

## #12

| 0 | 4 | 9 | 4 | 2 | 8 | 3 | 5 | 6 |
|---|---|---|---|---|---|---|---|---|
| 4 | 6 | 2 | 9 | 3 | 5 | 8 | 0 | 4 |
| 8 | 3 | 5 | 6 | 4 | 0 | 2 | 4 | 9 |
| 2 | 8 | 3 | 4 | 6 | 4 | 0 | 9 | 5 |
| 5 | 4 | 0 | 3 | 8 | 9 | 4 | 6 | 2 |
| 4 | 9 | 6 | 0 | 5 | 2 | 4 | 8 | 3 |
| 9 | 2 | 4 | 5 | 0 | 3 | 6 | 4 | 8 |
| 6 | 0 | 8 | 2 | 9 | 4 | 5 | 3 | 4 |
| 3 | 5 | 4 | 8 | 4 | 6 | 9 | 2 | 0 |

## #13

| 9 | 5 | 0 | 6 | 4 | 3 | 2 | 8 | 4 |
| 8 | 3 | 4 | 4 | 0 | 2 | 9 | 5 | 6 |
| 6 | 4 | 2 | 9 | 8 | 5 | 0 | 3 | 4 |
| 0 | 8 | 3 | 4 | 9 | 4 | 6 | 2 | 5 |
| 4 | 6 | 9 | 2 | 5 | 0 | 3 | 4 | 8 |
| 4 | 2 | 5 | 8 | 3 | 6 | 4 | 9 | 0 |
| 2 | 9 | 8 | 0 | 6 | 4 | 5 | 4 | 3 |
| 3 | 4 | 6 | 5 | 4 | 9 | 8 | 0 | 2 |
| 5 | 0 | 4 | 3 | 2 | 8 | 4 | 6 | 9 |

## #14

| 5 | 0 | 2 | 8 | 3 | 9 | 4 | 4 | 6 |
| 6 | 4 | 8 | 4 | 0 | 2 | 5 | 3 | 9 |
| 3 | 9 | 4 | 5 | 4 | 6 | 0 | 8 | 2 |
| 8 | 5 | 0 | 6 | 2 | 3 | 9 | 4 | 4 |
| 9 | 6 | 4 | 0 | 8 | 4 | 3 | 2 | 5 |
| 2 | 4 | 3 | 9 | 5 | 4 | 6 | 0 | 8 |
| 0 | 8 | 6 | 4 | 4 | 5 | 2 | 9 | 3 |
| 4 | 2 | 5 | 3 | 9 | 8 | 4 | 6 | 0 |
| 4 | 3 | 9 | 2 | 6 | 0 | 8 | 5 | 4 |

## #15

| 8 | 3 | 6 | 4 | 0 | 4 | 9 | 2 | 5 |
| 4 | 4 | 0 | 9 | 2 | 5 | 3 | 8 | 6 |
| 2 | 9 | 5 | 3 | 8 | 6 | 0 | 4 | 4 |
| 0 | 5 | 8 | 4 | 4 | 3 | 6 | 9 | 2 |
| 6 | 4 | 9 | 2 | 5 | 0 | 8 | 3 | 4 |
| 4 | 2 | 3 | 6 | 9 | 8 | 5 | 4 | 0 |
| 3 | 6 | 2 | 0 | 4 | 9 | 4 | 5 | 8 |
| 5 | 0 | 4 | 8 | 3 | 2 | 4 | 6 | 9 |
| 9 | 8 | 4 | 5 | 6 | 4 | 2 | 0 | 3 |

## #16

| 4 | 6 | 8 | 4 | 2 | 5 | 0 | 3 | 9 |
| 3 | 0 | 5 | 6 | 4 | 9 | 2 | 4 | 8 |
| 4 | 2 | 9 | 0 | 8 | 3 | 6 | 5 | 4 |
| 9 | 5 | 0 | 8 | 6 | 2 | 4 | 4 | 3 |
| 2 | 8 | 3 | 9 | 4 | 4 | 5 | 0 | 6 |
| 6 | 4 | 4 | 5 | 3 | 0 | 8 | 9 | 2 |
| 0 | 4 | 6 | 4 | 9 | 8 | 3 | 2 | 5 |
| 5 | 3 | 4 | 2 | 0 | 6 | 9 | 8 | 4 |
| 8 | 9 | 2 | 3 | 5 | 4 | 4 | 6 | 0 |

## #17

| 0 | 8 | 4 | 6 | 5 | 2 | 3 | 4 | 9 |
|---|---|---|---|---|---|---|---|---|
| 6 | 4 | 2 | 0 | 9 | 3 | 8 | 4 | 5 |
| 9 | 5 | 3 | 8 | 4 | 4 | 0 | 2 | 6 |
| 3 | 0 | 4 | 4 | 8 | 9 | 6 | 5 | 2 |
| 5 | 2 | 6 | 3 | 4 | 0 | 4 | 9 | 8 |
| 4 | 9 | 8 | 2 | 6 | 5 | 4 | 0 | 3 |
| 4 | 4 | 9 | 5 | 3 | 6 | 2 | 8 | 0 |
| 8 | 6 | 0 | 9 | 2 | 4 | 5 | 3 | 4 |
| 2 | 3 | 5 | 4 | 0 | 8 | 9 | 6 | 4 |

## #18

| 8 | 0 | 9 | 3 | 2 | 4 | 4 | 5 | 6 |
|---|---|---|---|---|---|---|---|---|
| 5 | 6 | 2 | 8 | 0 | 4 | 4 | 3 | 9 |
| 4 | 4 | 3 | 6 | 9 | 5 | 0 | 8 | 2 |
| 4 | 4 | 6 | 0 | 3 | 9 | 5 | 2 | 8 |
| 9 | 3 | 8 | 4 | 5 | 2 | 6 | 4 | 0 |
| 0 | 2 | 5 | 4 | 6 | 8 | 3 | 9 | 4 |
| 6 | 5 | 0 | 2 | 8 | 3 | 9 | 4 | 4 |
| 3 | 8 | 4 | 9 | 4 | 0 | 2 | 6 | 5 |
| 2 | 9 | 4 | 5 | 4 | 6 | 8 | 0 | 3 |

## #19

| 4 | 6 | 5 | 8 | 3 | 4 | 9 | 2 | 0 |
|---|---|---|---|---|---|---|---|---|
| 0 | 9 | 2 | 5 | 6 | 4 | 4 | 8 | 3 |
| 8 | 3 | 4 | 0 | 2 | 9 | 6 | 4 | 5 |
| 6 | 0 | 4 | 2 | 9 | 3 | 5 | 4 | 8 |
| 4 | 2 | 3 | 4 | 5 | 8 | 0 | 6 | 9 |
| 5 | 8 | 9 | 4 | 0 | 6 | 2 | 3 | 4 |
| 2 | 4 | 0 | 6 | 8 | 5 | 3 | 9 | 4 |
| 3 | 4 | 6 | 9 | 4 | 0 | 8 | 5 | 2 |
| 9 | 5 | 8 | 3 | 4 | 2 | 4 | 0 | 6 |

## #20

| 3 | 5 | 0 | 9 | 8 | 4 | 4 | 6 | 2 |
|---|---|---|---|---|---|---|---|---|
| 6 | 2 | 8 | 4 | 5 | 0 | 4 | 3 | 9 |
| 4 | 9 | 4 | 6 | 2 | 3 | 0 | 5 | 8 |
| 4 | 6 | 5 | 4 | 9 | 8 | 2 | 0 | 3 |
| 8 | 0 | 9 | 3 | 6 | 2 | 5 | 4 | 4 |
| 2 | 4 | 3 | 5 | 0 | 4 | 9 | 8 | 6 |
| 9 | 3 | 4 | 8 | 4 | 5 | 6 | 2 | 0 |
| 0 | 8 | 6 | 2 | 4 | 9 | 3 | 4 | 5 |
| 5 | 4 | 2 | 0 | 3 | 6 | 8 | 9 | 4 |

## #21

| 4 | 0 | 9 | 5 | 8 | 3 | 6 | 4 | 2 |
|---|---|---|---|---|---|---|---|---|
| 3 | 5 | 8 | 6 | 4 | 2 | 0 | 4 | 9 |
| 6 | 4 | 2 | 4 | 9 | 0 | 3 | 8 | 5 |
| 9 | 4 | 0 | 2 | 3 | 4 | 5 | 6 | 8 |
| 5 | 2 | 3 | 0 | 6 | 8 | 4 | 9 | 4 |
| 8 | 6 | 4 | 9 | 4 | 5 | 2 | 3 | 0 |
| 0 | 9 | 6 | 3 | 2 | 4 | 8 | 5 | 4 |
| 4 | 3 | 5 | 8 | 0 | 9 | 4 | 2 | 6 |
| 2 | 8 | 4 | 4 | 5 | 6 | 9 | 0 | 3 |

## #22

| 2 | 8 | 5 | 4 | 0 | 4 | 6 | 9 | 3 |
|---|---|---|---|---|---|---|---|---|
| 6 | 4 | 4 | 3 | 2 | 9 | 8 | 5 | 0 |
| 0 | 3 | 9 | 5 | 8 | 6 | 2 | 4 | 4 |
| 4 | 4 | 0 | 9 | 3 | 2 | 5 | 6 | 8 |
| 5 | 6 | 8 | 0 | 4 | 4 | 9 | 3 | 2 |
| 3 | 9 | 2 | 6 | 5 | 8 | 0 | 4 | 4 |
| 4 | 5 | 6 | 2 | 4 | 0 | 3 | 8 | 9 |
| 8 | 2 | 3 | 4 | 9 | 5 | 4 | 0 | 6 |
| 9 | 0 | 4 | 8 | 6 | 3 | 4 | 2 | 5 |

## #23

| 2 | 4 | 8 | 4 | 5 | 9 | 3 | 6 | 0 |
|---|---|---|---|---|---|---|---|---|
| 3 | 5 | 9 | 8 | 0 | 6 | 4 | 2 | 4 |
| 4 | 0 | 6 | 2 | 4 | 3 | 8 | 9 | 5 |
| 5 | 3 | 4 | 0 | 9 | 2 | 6 | 4 | 8 |
| 0 | 6 | 2 | 3 | 8 | 4 | 5 | 4 | 9 |
| 9 | 8 | 4 | 4 | 6 | 5 | 2 | 0 | 3 |
| 8 | 2 | 0 | 6 | 3 | 4 | 9 | 5 | 4 |
| 6 | 9 | 3 | 5 | 4 | 0 | 4 | 8 | 2 |
| 4 | 4 | 5 | 9 | 2 | 8 | 0 | 3 | 6 |

## #24

| 3 | 8 | 6 | 2 | 4 | 4 | 9 | 5 | 0 |
|---|---|---|---|---|---|---|---|---|
| 2 | 4 | 4 | 9 | 0 | 5 | 3 | 8 | 6 |
| 9 | 0 | 5 | 3 | 8 | 6 | 4 | 2 | 4 |
| 4 | 3 | 9 | 0 | 6 | 8 | 5 | 4 | 2 |
| 6 | 5 | 2 | 4 | 9 | 4 | 0 | 3 | 8 |
| 8 | 4 | 0 | 5 | 3 | 2 | 6 | 4 | 9 |
| 0 | 2 | 8 | 4 | 5 | 9 | 4 | 6 | 3 |
| 4 | 6 | 3 | 8 | 4 | 0 | 2 | 9 | 5 |
| 5 | 9 | 4 | 6 | 2 | 3 | 8 | 0 | 4 |

## #25

| 8 | 2 | 9 | 5 | 4 | 0 | 3 | 4 | 6 |
|---|---|---|---|---|---|---|---|---|
| 3 | 0 | 4 | 4 | 2 | 6 | 5 | 8 | 9 |
| 5 | 6 | 4 | 9 | 8 | 3 | 4 | 2 | 0 |
| 0 | 8 | 5 | 3 | 9 | 4 | 2 | 6 | 4 |
| 9 | 4 | 3 | 2 | 6 | 4 | 0 | 5 | 8 |
| 6 | 4 | 2 | 0 | 5 | 8 | 9 | 3 | 4 |
| 4 | 3 | 8 | 4 | 0 | 5 | 6 | 9 | 2 |
| 4 | 9 | 6 | 8 | 3 | 2 | 4 | 0 | 5 |
| 2 | 5 | 0 | 6 | 4 | 9 | 8 | 4 | 3 |

## #26

| 6 | 9 | 4 | 4 | 3 | 8 | 0 | 5 | 2 |
|---|---|---|---|---|---|---|---|---|
| 8 | 3 | 4 | 5 | 0 | 2 | 4 | 6 | 9 |
| 5 | 2 | 0 | 9 | 4 | 6 | 3 | 4 | 8 |
| 4 | 4 | 8 | 3 | 9 | 0 | 5 | 2 | 6 |
| 2 | 0 | 3 | 6 | 5 | 4 | 9 | 8 | 4 |
| 9 | 6 | 5 | 2 | 8 | 4 | 4 | 0 | 3 |
| 0 | 4 | 6 | 4 | 2 | 3 | 8 | 9 | 5 |
| 4 | 5 | 2 | 8 | 4 | 9 | 6 | 3 | 0 |
| 3 | 8 | 9 | 0 | 6 | 5 | 2 | 4 | 4 |

## #27

| 9 | 5 | 4 | 3 | 0 | 6 | 2 | 4 | 8 |
|---|---|---|---|---|---|---|---|---|
| 0 | 4 | 2 | 9 | 5 | 8 | 6 | 4 | 3 |
| 3 | 8 | 6 | 4 | 2 | 4 | 0 | 5 | 9 |
| 2 | 3 | 0 | 4 | 8 | 4 | 9 | 6 | 5 |
| 4 | 6 | 9 | 2 | 3 | 5 | 8 | 0 | 4 |
| 5 | 4 | 8 | 6 | 9 | 0 | 3 | 2 | 4 |
| 6 | 0 | 4 | 8 | 4 | 9 | 5 | 3 | 2 |
| 4 | 9 | 3 | 5 | 6 | 2 | 4 | 8 | 0 |
| 8 | 2 | 5 | 0 | 4 | 3 | 4 | 9 | 6 |

## #28

| 8 | 3 | 0 | 4 | 5 | 2 | 6 | 9 | 4 |
|---|---|---|---|---|---|---|---|---|
| 4 | 9 | 4 | 8 | 6 | 3 | 2 | 0 | 5 |
| 2 | 5 | 6 | 9 | 4 | 0 | 3 | 4 | 8 |
| 3 | 8 | 5 | 0 | 4 | 9 | 4 | 6 | 2 |
| 6 | 4 | 9 | 2 | 8 | 5 | 4 | 3 | 0 |
| 0 | 4 | 2 | 6 | 3 | 4 | 8 | 5 | 9 |
| 5 | 2 | 4 | 3 | 0 | 4 | 9 | 8 | 6 |
| 9 | 6 | 3 | 5 | 2 | 8 | 0 | 4 | 4 |
| 4 | 0 | 8 | 4 | 9 | 6 | 5 | 2 | 3 |

## #29

| 9 | 4 | 3 | 4 | 8 | 5 | 2 | 6 | 0 |
|---|---|---|---|---|---|---|---|---|
| 8 | 0 | 2 | 4 | 9 | 6 | 5 | 4 | 3 |
| 4 | 5 | 6 | 0 | 2 | 3 | 8 | 4 | 9 |
| 0 | 6 | 4 | 3 | 4 | 2 | 9 | 8 | 5 |
| 5 | 3 | 9 | 6 | 0 | 8 | 4 | 2 | 4 |
| 2 | 8 | 4 | 9 | 5 | 4 | 3 | 0 | 6 |
| 3 | 9 | 8 | 2 | 4 | 0 | 6 | 5 | 4 |
| 4 | 4 | 5 | 8 | 6 | 9 | 0 | 3 | 2 |
| 6 | 2 | 0 | 5 | 3 | 4 | 4 | 9 | 8 |

## #30

| 8 | 6 | 5 | 9 | 3 | 2 | 4 | 4 | 0 |
|---|---|---|---|---|---|---|---|---|
| 4 | 4 | 0 | 5 | 6 | 8 | 9 | 2 | 3 |
| 9 | 3 | 2 | 0 | 4 | 4 | 8 | 6 | 5 |
| 4 | 8 | 9 | 4 | 2 | 5 | 0 | 3 | 6 |
| 2 | 5 | 6 | 3 | 8 | 0 | 4 | 9 | 4 |
| 0 | 4 | 3 | 6 | 9 | 4 | 5 | 8 | 2 |
| 6 | 9 | 8 | 4 | 0 | 3 | 2 | 5 | 4 |
| 5 | 2 | 4 | 8 | 4 | 6 | 3 | 0 | 9 |
| 3 | 0 | 4 | 2 | 5 | 9 | 6 | 4 | 8 |

## #31

| 4 | 9 | 2 | 6 | 8 | 5 | 4 | 3 | 0 |
|---|---|---|---|---|---|---|---|---|
| 4 | 5 | 6 | 3 | 4 | 0 | 8 | 9 | 2 |
| 0 | 8 | 3 | 2 | 9 | 4 | 5 | 4 | 6 |
| 3 | 4 | 0 | 8 | 2 | 6 | 9 | 5 | 4 |
| 6 | 4 | 9 | 5 | 0 | 3 | 2 | 8 | 4 |
| 8 | 2 | 5 | 9 | 4 | 4 | 0 | 6 | 3 |
| 5 | 6 | 4 | 0 | 3 | 9 | 4 | 2 | 8 |
| 9 | 0 | 8 | 4 | 6 | 2 | 3 | 4 | 5 |
| 2 | 3 | 4 | 4 | 5 | 8 | 6 | 0 | 9 |

## #32

| 2 | 9 | 8 | 4 | 4 | 0 | 6 | 3 | 5 |
|---|---|---|---|---|---|---|---|---|
| 5 | 6 | 3 | 2 | 8 | 9 | 0 | 4 | 4 |
| 4 | 4 | 0 | 3 | 6 | 5 | 8 | 2 | 9 |
| 3 | 0 | 4 | 8 | 5 | 2 | 4 | 9 | 6 |
| 9 | 4 | 5 | 6 | 3 | 4 | 2 | 0 | 8 |
| 6 | 8 | 2 | 0 | 9 | 4 | 3 | 5 | 4 |
| 0 | 5 | 9 | 4 | 2 | 6 | 4 | 8 | 3 |
| 4 | 3 | 6 | 9 | 0 | 8 | 5 | 4 | 2 |
| 8 | 2 | 4 | 5 | 4 | 3 | 9 | 6 | 0 |

## #33

| 9 | 8 | 0 | 4 | 3 | 2 | 4 | 5 | 6 |
|---|---|---|---|---|---|---|---|---|
| 2 | 5 | 4 | 0 | 6 | 9 | 4 | 8 | 3 |
| 3 | 6 | 4 | 8 | 5 | 4 | 2 | 0 | 9 |
| 5 | 4 | 6 | 9 | 0 | 8 | 3 | 4 | 2 |
| 4 | 3 | 8 | 6 | 2 | 5 | 9 | 4 | 0 |
| 0 | 2 | 9 | 4 | 4 | 3 | 8 | 6 | 5 |
| 6 | 0 | 2 | 3 | 8 | 4 | 5 | 9 | 4 |
| 8 | 9 | 5 | 2 | 4 | 0 | 6 | 3 | 4 |
| 4 | 4 | 3 | 5 | 9 | 6 | 0 | 2 | 8 |

## #34

| 8 | 9 | 0 | 4 | 4 | 3 | 5 | 6 | 2 |
|---|---|---|---|---|---|---|---|---|
| 4 | 2 | 3 | 6 | 0 | 5 | 8 | 9 | 4 |
| 6 | 5 | 4 | 9 | 2 | 8 | 4 | 0 | 3 |
| 0 | 4 | 9 | 8 | 5 | 4 | 2 | 3 | 6 |
| 3 | 6 | 2 | 0 | 9 | 4 | 4 | 5 | 8 |
| 5 | 4 | 8 | 2 | 3 | 6 | 0 | 4 | 9 |
| 9 | 8 | 6 | 5 | 4 | 0 | 3 | 2 | 4 |
| 4 | 0 | 4 | 3 | 6 | 2 | 9 | 8 | 5 |
| 2 | 3 | 5 | 4 | 8 | 9 | 6 | 4 | 0 |

## #35

| 0 | 4 | 6 | 3 | 5 | 4 | 2 | 8 | 9 |
|---|---|---|---|---|---|---|---|---|
| 4 | 3 | 8 | 6 | 2 | 9 | 4 | 0 | 5 |
| 9 | 2 | 5 | 8 | 4 | 0 | 6 | 3 | 4 |
| 3 | 8 | 0 | 4 | 9 | 4 | 5 | 6 | 2 |
| 5 | 6 | 9 | 2 | 3 | 8 | 4 | 4 | 0 |
| 2 | 4 | 4 | 5 | 0 | 6 | 3 | 9 | 8 |
| 6 | 0 | 3 | 9 | 4 | 2 | 8 | 5 | 4 |
| 8 | 9 | 4 | 4 | 6 | 5 | 0 | 2 | 3 |
| 4 | 5 | 2 | 0 | 8 | 3 | 9 | 4 | 6 |

## #36

| 4 | 4 | 5 | 3 | 6 | 0 | 2 | 8 | 9 |
|---|---|---|---|---|---|---|---|---|
| 3 | 9 | 0 | 5 | 8 | 2 | 4 | 4 | 6 |
| 2 | 6 | 8 | 9 | 4 | 4 | 0 | 5 | 3 |
| 8 | 0 | 2 | 4 | 5 | 3 | 6 | 9 | 4 |
| 5 | 4 | 4 | 6 | 0 | 9 | 3 | 2 | 8 |
| 9 | 3 | 6 | 4 | 2 | 8 | 5 | 0 | 4 |
| 0 | 8 | 3 | 2 | 9 | 6 | 4 | 4 | 5 |
| 4 | 2 | 4 | 8 | 3 | 5 | 9 | 6 | 0 |
| 6 | 5 | 9 | 0 | 4 | 4 | 8 | 3 | 2 |

## #37

| 4 | 6 | 9 | 0 | 3 | 2 | 5 | 4 | 8 |
|---|---|---|---|---|---|---|---|---|
| 5 | 8 | 2 | 9 | 4 | 6 | 4 | 3 | 0 |
| 0 | 4 | 3 | 8 | 5 | 4 | 2 | 9 | 6 |
| 9 | 4 | 0 | 5 | 8 | 3 | 6 | 2 | 4 |
| 6 | 3 | 8 | 4 | 2 | 4 | 0 | 5 | 9 |
| 2 | 5 | 4 | 6 | 0 | 9 | 8 | 4 | 3 |
| 3 | 0 | 6 | 4 | 4 | 5 | 9 | 8 | 2 |
| 8 | 2 | 4 | 3 | 9 | 0 | 4 | 6 | 5 |
| 4 | 9 | 5 | 2 | 6 | 8 | 3 | 0 | 4 |

## #38

| 2 | 4 | 9 | 3 | 8 | 0 | 4 | 5 | 6 |
|---|---|---|---|---|---|---|---|---|
| 5 | 4 | 6 | 2 | 4 | 9 | 0 | 3 | 8 |
| 3 | 0 | 8 | 6 | 5 | 4 | 2 | 4 | 9 |
| 6 | 9 | 2 | 4 | 3 | 5 | 4 | 8 | 0 |
| 4 | 5 | 3 | 8 | 0 | 4 | 9 | 6 | 2 |
| 0 | 8 | 4 | 9 | 2 | 6 | 5 | 4 | 3 |
| 4 | 6 | 5 | 0 | 9 | 3 | 8 | 2 | 4 |
| 8 | 3 | 0 | 5 | 4 | 2 | 6 | 9 | 4 |
| 9 | 2 | 4 | 4 | 6 | 8 | 3 | 0 | 5 |

## #39

| 5 | 9 | 4 | 6 | 2 | 0 | 4 | 8 | 3 |
|---|---|---|---|---|---|---|---|---|
| 6 | 8 | 2 | 9 | 4 | 3 | 0 | 4 | 5 |
| 3 | 4 | 0 | 4 | 8 | 5 | 2 | 9 | 6 |
| 2 | 4 | 8 | 4 | 3 | 9 | 5 | 6 | 0 |
| 0 | 6 | 5 | 2 | 4 | 8 | 9 | 3 | 4 |
| 9 | 3 | 4 | 0 | 5 | 6 | 4 | 2 | 8 |
| 4 | 5 | 3 | 8 | 9 | 4 | 6 | 0 | 2 |
| 4 | 0 | 9 | 3 | 6 | 2 | 8 | 5 | 4 |
| 8 | 2 | 6 | 5 | 0 | 4 | 3 | 4 | 9 |

## #40

| 5 | 6 | 8 | 3 | 4 | 4 | 0 | 9 | 2 |
|---|---|---|---|---|---|---|---|---|
| 4 | 4 | 3 | 2 | 9 | 0 | 8 | 5 | 6 |
| 2 | 9 | 0 | 6 | 5 | 8 | 3 | 4 | 4 |
| 0 | 2 | 5 | 4 | 8 | 9 | 6 | 4 | 3 |
| 6 | 8 | 4 | 4 | 3 | 2 | 9 | 0 | 5 |
| 9 | 3 | 4 | 0 | 6 | 5 | 4 | 2 | 8 |
| 3 | 5 | 6 | 9 | 2 | 4 | 4 | 8 | 0 |
| 4 | 0 | 2 | 8 | 4 | 6 | 5 | 3 | 9 |
| 8 | 4 | 9 | 5 | 0 | 3 | 2 | 6 | 4 |

## #41

| 0 | 4 | 5 | 2 | 4 | 6 | 8 | 9 | 3 |
|---|---|---|---|---|---|---|---|---|
| 8 | 4 | 2 | 5 | 3 | 9 | 6 | 0 | 4 |
| 9 | 3 | 6 | 4 | 8 | 0 | 5 | 2 | 4 |
| 5 | 6 | 8 | 9 | 2 | 4 | 4 | 3 | 0 |
| 2 | 0 | 3 | 4 | 6 | 8 | 9 | 4 | 5 |
| 4 | 9 | 4 | 0 | 5 | 3 | 2 | 6 | 8 |
| 6 | 5 | 0 | 3 | 9 | 4 | 4 | 8 | 2 |
| 4 | 8 | 4 | 6 | 0 | 2 | 3 | 5 | 9 |
| 3 | 2 | 9 | 8 | 4 | 5 | 0 | 4 | 6 |

## #42

| 4 | 9 | 4 | 3 | 8 | 2 | 0 | 6 | 5 |
|---|---|---|---|---|---|---|---|---|
| 3 | 5 | 8 | 6 | 4 | 0 | 2 | 4 | 9 |
| 0 | 6 | 2 | 9 | 5 | 4 | 3 | 4 | 8 |
| 8 | 4 | 0 | 5 | 6 | 9 | 4 | 2 | 3 |
| 9 | 3 | 6 | 4 | 2 | 4 | 8 | 5 | 0 |
| 2 | 4 | 5 | 8 | 0 | 3 | 4 | 9 | 6 |
| 5 | 0 | 3 | 2 | 4 | 6 | 9 | 8 | 4 |
| 4 | 8 | 9 | 4 | 3 | 5 | 6 | 0 | 2 |
| 6 | 2 | 4 | 0 | 9 | 8 | 5 | 3 | 4 |

## #43

| 9 | 2 | 4 | 8 | 5 | 0 | 3 | 6 | 4 |
|---|---|---|---|---|---|---|---|---|
| 3 | 8 | 5 | 4 | 9 | 6 | 4 | 0 | 2 |
| 0 | 4 | 6 | 4 | 3 | 2 | 8 | 9 | 5 |
| 6 | 0 | 4 | 9 | 2 | 8 | 5 | 3 | 4 |
| 5 | 9 | 2 | 6 | 4 | 3 | 4 | 8 | 0 |
| 8 | 4 | 3 | 0 | 4 | 5 | 9 | 2 | 6 |
| 4 | 5 | 8 | 2 | 6 | 9 | 0 | 4 | 3 |
| 4 | 6 | 0 | 3 | 8 | 4 | 2 | 5 | 9 |
| 2 | 3 | 9 | 5 | 0 | 4 | 6 | 4 | 8 |

## #44

| 3 | 5 | 6 | 9 | 4 | 0 | 8 | 4 | 2 |
|---|---|---|---|---|---|---|---|---|
| 2 | 0 | 8 | 5 | 3 | 4 | 9 | 4 | 6 |
| 4 | 9 | 4 | 2 | 8 | 6 | 0 | 3 | 5 |
| 6 | 4 | 0 | 4 | 9 | 2 | 3 | 5 | 8 |
| 5 | 8 | 9 | 6 | 4 | 3 | 2 | 0 | 4 |
| 4 | 2 | 3 | 8 | 0 | 5 | 4 | 6 | 9 |
| 8 | 4 | 4 | 0 | 5 | 9 | 6 | 2 | 3 |
| 9 | 3 | 2 | 4 | 6 | 4 | 5 | 8 | 0 |
| 0 | 6 | 5 | 3 | 2 | 8 | 4 | 9 | 4 |

## #45

| 4 | 2 | 0 | 3 | 6 | 9 | 4 | 5 | 8 |
|---|---|---|---|---|---|---|---|---|
| 8 | 4 | 6 | 5 | 2 | 4 | 9 | 0 | 3 |
| 5 | 3 | 9 | 0 | 4 | 8 | 4 | 2 | 6 |
| 9 | 0 | 4 | 8 | 4 | 6 | 5 | 3 | 2 |
| 6 | 5 | 4 | 2 | 3 | 0 | 8 | 4 | 9 |
| 2 | 8 | 3 | 9 | 5 | 4 | 6 | 4 | 0 |
| 3 | 6 | 8 | 4 | 0 | 5 | 2 | 9 | 4 |
| 4 | 9 | 2 | 4 | 8 | 3 | 0 | 6 | 5 |
| 0 | 4 | 5 | 6 | 9 | 2 | 3 | 8 | 4 |

## #46

| 2 | 8 | 0 | 5 | 4 | 9 | 6 | 4 | 3 |
|---|---|---|---|---|---|---|---|---|
| 4 | 3 | 6 | 8 | 2 | 0 | 4 | 5 | 9 |
| 9 | 5 | 4 | 4 | 6 | 3 | 0 | 8 | 2 |
| 4 | 4 | 9 | 3 | 8 | 5 | 2 | 0 | 6 |
| 0 | 6 | 5 | 2 | 4 | 4 | 9 | 3 | 8 |
| 3 | 2 | 8 | 9 | 0 | 6 | 4 | 4 | 5 |
| 6 | 9 | 4 | 4 | 5 | 8 | 3 | 2 | 0 |
| 5 | 0 | 2 | 6 | 3 | 4 | 8 | 9 | 4 |
| 8 | 4 | 3 | 0 | 9 | 2 | 5 | 6 | 4 |

## #47

| 9 | 3 | 2 | 8 | 4 | 5 | 6 | 0 | 4 |
|---|---|---|---|---|---|---|---|---|
| 6 | 4 | 0 | 2 | 3 | 4 | 8 | 9 | 5 |
| 4 | 5 | 8 | 9 | 6 | 0 | 3 | 4 | 2 |
| 0 | 6 | 4 | 4 | 5 | 2 | 9 | 3 | 8 |
| 8 | 2 | 5 | 0 | 9 | 3 | 4 | 4 | 6 |
| 3 | 9 | 4 | 4 | 8 | 6 | 5 | 2 | 0 |
| 5 | 0 | 9 | 6 | 4 | 4 | 2 | 8 | 3 |
| 4 | 4 | 3 | 5 | 2 | 8 | 0 | 6 | 9 |
| 2 | 8 | 6 | 3 | 0 | 9 | 4 | 5 | 4 |

## #48

| 8 | 3 | 4 | 0 | 6 | 9 | 5 | 2 | 4 |
|---|---|---|---|---|---|---|---|---|
| 2 | 6 | 0 | 8 | 5 | 4 | 4 | 9 | 3 |
| 5 | 9 | 4 | 3 | 4 | 2 | 6 | 8 | 0 |
| 3 | 2 | 6 | 4 | 9 | 4 | 0 | 5 | 8 |
| 4 | 5 | 8 | 2 | 3 | 0 | 9 | 4 | 6 |
| 0 | 4 | 9 | 5 | 8 | 6 | 3 | 4 | 2 |
| 4 | 4 | 2 | 9 | 0 | 3 | 8 | 6 | 5 |
| 6 | 0 | 5 | 4 | 4 | 8 | 2 | 3 | 9 |
| 9 | 8 | 3 | 6 | 2 | 5 | 4 | 0 | 4 |

## #49

| 6 | 9 | 3 | 4 | 5 | 8 | 4 | 2 | 0 |
|---|---|---|---|---|---|---|---|---|
| 0 | 5 | 2 | 3 | 6 | 4 | 4 | 9 | 8 |
| 8 | 4 | 4 | 9 | 2 | 0 | 5 | 3 | 6 |
| 2 | 0 | 4 | 8 | 9 | 6 | 3 | 5 | 4 |
| 3 | 4 | 8 | 2 | 4 | 5 | 6 | 0 | 9 |
| 9 | 6 | 5 | 4 | 0 | 3 | 8 | 4 | 2 |
| 4 | 2 | 6 | 5 | 8 | 9 | 0 | 4 | 3 |
| 5 | 3 | 0 | 6 | 4 | 2 | 9 | 8 | 4 |
| 4 | 8 | 9 | 0 | 3 | 4 | 2 | 6 | 5 |

## #50

| 5 | 0 | 4 | 3 | 8 | 6 | 9 | 2 | 4 |
|---|---|---|---|---|---|---|---|---|
| 8 | 2 | 3 | 4 | 4 | 9 | 6 | 5 | 0 |
| 6 | 4 | 9 | 0 | 5 | 2 | 8 | 4 | 3 |
| 0 | 5 | 8 | 2 | 9 | 4 | 4 | 3 | 6 |
| 9 | 4 | 6 | 8 | 3 | 4 | 5 | 0 | 2 |
| 4 | 3 | 2 | 6 | 0 | 5 | 4 | 8 | 9 |
| 2 | 9 | 5 | 4 | 4 | 0 | 3 | 6 | 8 |
| 3 | 6 | 4 | 5 | 2 | 8 | 0 | 9 | 4 |
| 4 | 8 | 0 | 9 | 6 | 3 | 2 | 4 | 5 |

## #51

| 4 | 3 | 8 | 6 | 0 | 9 | 5 | 2 | 4 |
|---|---|---|---|---|---|---|---|---|
| 2 | 6 | 5 | 4 | 8 | 4 | 0 | 9 | 3 |
| 0 | 9 | 4 | 3 | 5 | 2 | 6 | 4 | 8 |
| 9 | 2 | 3 | 4 | 6 | 0 | 8 | 5 | 4 |
| 4 | 0 | 4 | 8 | 9 | 5 | 3 | 6 | 2 |
| 8 | 5 | 6 | 2 | 4 | 3 | 4 | 0 | 9 |
| 6 | 8 | 0 | 9 | 3 | 4 | 2 | 4 | 5 |
| 3 | 4 | 9 | 5 | 2 | 6 | 4 | 8 | 0 |
| 5 | 4 | 2 | 0 | 4 | 8 | 9 | 3 | 6 |

## #52

| 3 | 2 | 4 | 5 | 6 | 9 | 8 | 0 | 4 |
|---|---|---|---|---|---|---|---|---|
| 9 | 8 | 0 | 4 | 4 | 3 | 2 | 6 | 5 |
| 4 | 5 | 6 | 8 | 2 | 0 | 3 | 9 | 4 |
| 2 | 9 | 8 | 4 | 5 | 6 | 0 | 4 | 3 |
| 4 | 3 | 4 | 9 | 0 | 8 | 5 | 2 | 6 |
| 0 | 6 | 5 | 2 | 3 | 4 | 4 | 8 | 9 |
| 5 | 0 | 3 | 6 | 9 | 2 | 4 | 4 | 8 |
| 8 | 4 | 9 | 0 | 4 | 5 | 6 | 3 | 2 |
| 6 | 4 | 2 | 3 | 8 | 4 | 9 | 5 | 0 |

## #53

| 2 | 4 | 0 | 8 | 5 | 4 | 3 | 6 | 9 |
|---|---|---|---|---|---|---|---|---|
| 4 | 8 | 9 | 6 | 2 | 3 | 5 | 0 | 4 |
| 5 | 3 | 6 | 0 | 9 | 4 | 4 | 2 | 8 |
| 0 | 6 | 5 | 9 | 8 | 2 | 4 | 3 | 4 |
| 3 | 9 | 4 | 5 | 4 | 0 | 6 | 8 | 2 |
| 8 | 2 | 4 | 3 | 4 | 6 | 0 | 9 | 5 |
| 4 | 5 | 3 | 2 | 6 | 8 | 9 | 4 | 0 |
| 6 | 4 | 2 | 4 | 0 | 9 | 8 | 5 | 3 |
| 9 | 0 | 8 | 4 | 3 | 5 | 2 | 4 | 6 |

## #54

| 6 | 9 | 4 | 0 | 3 | 2 | 5 | 8 | 4 |
|---|---|---|---|---|---|---|---|---|
| 4 | 2 | 8 | 5 | 4 | 6 | 0 | 3 | 9 |
| 5 | 3 | 0 | 8 | 4 | 9 | 4 | 2 | 6 |
| 3 | 0 | 4 | 9 | 5 | 4 | 8 | 6 | 2 |
| 9 | 6 | 5 | 2 | 0 | 8 | 4 | 4 | 3 |
| 8 | 4 | 2 | 4 | 6 | 3 | 9 | 0 | 5 |
| 0 | 5 | 6 | 4 | 2 | 4 | 3 | 9 | 8 |
| 2 | 4 | 9 | 3 | 8 | 0 | 6 | 5 | 4 |
| 4 | 8 | 3 | 6 | 9 | 5 | 2 | 4 | 0 |

## #55

| 8 | 5 | 0 | 6 | 4 | 9 | 3 | 2 | 4 |
|---|---|---|---|---|---|---|---|---|
| 9 | 3 | 6 | 0 | 4 | 2 | 4 | 8 | 5 |
| 4 | 4 | 2 | 8 | 3 | 5 | 0 | 9 | 6 |
| 4 | 8 | 9 | 3 | 0 | 6 | 2 | 5 | 4 |
| 3 | 6 | 5 | 4 | 2 | 4 | 9 | 0 | 8 |
| 0 | 2 | 4 | 5 | 9 | 8 | 6 | 4 | 3 |
| 5 | 4 | 3 | 2 | 8 | 0 | 4 | 6 | 9 |
| 6 | 0 | 4 | 9 | 5 | 3 | 8 | 4 | 2 |
| 2 | 9 | 8 | 4 | 6 | 4 | 5 | 3 | 0 |

## #56

| 6 | 8 | 2 | 5 | 9 | 4 | 4 | 3 | 0 |
|---|---|---|---|---|---|---|---|---|
| 4 | 5 | 0 | 6 | 3 | 4 | 2 | 8 | 9 |
| 9 | 3 | 4 | 0 | 2 | 8 | 6 | 4 | 5 |
| 0 | 9 | 3 | 2 | 4 | 5 | 4 | 6 | 8 |
| 8 | 2 | 6 | 4 | 0 | 3 | 5 | 9 | 4 |
| 5 | 4 | 4 | 8 | 6 | 9 | 3 | 0 | 2 |
| 2 | 0 | 9 | 4 | 4 | 6 | 8 | 5 | 3 |
| 4 | 6 | 8 | 3 | 5 | 0 | 9 | 2 | 4 |
| 3 | 4 | 5 | 9 | 8 | 2 | 0 | 4 | 6 |

## #57

| 9 | 4 | 0 | 8 | 6 | 3 | 4 | 5 | 2 |
| 4 | 2 | 3 | 9 | 4 | 5 | 0 | 6 | 8 |
| 5 | 6 | 8 | 4 | 2 | 0 | 9 | 4 | 3 |
| 4 | 4 | 2 | 6 | 5 | 8 | 3 | 0 | 9 |
| 8 | 3 | 9 | 4 | 0 | 4 | 5 | 2 | 6 |
| 0 | 5 | 6 | 2 | 3 | 9 | 4 | 8 | 4 |
| 3 | 9 | 5 | 0 | 8 | 6 | 2 | 4 | 4 |
| 2 | 8 | 4 | 5 | 9 | 4 | 6 | 3 | 0 |
| 6 | 0 | 4 | 3 | 4 | 2 | 8 | 9 | 5 |

## #58

| 4 | 5 | 4 | 0 | 3 | 8 | 9 | 2 | 6 |
| 0 | 8 | 6 | 9 | 5 | 2 | 4 | 4 | 3 |
| 2 | 3 | 9 | 4 | 4 | 6 | 5 | 0 | 8 |
| 3 | 0 | 8 | 2 | 9 | 4 | 6 | 5 | 4 |
| 4 | 2 | 4 | 6 | 8 | 5 | 3 | 9 | 0 |
| 6 | 9 | 5 | 3 | 0 | 4 | 2 | 8 | 4 |
| 5 | 4 | 0 | 4 | 2 | 3 | 8 | 6 | 9 |
| 8 | 6 | 3 | 5 | 4 | 9 | 0 | 4 | 2 |
| 9 | 4 | 2 | 8 | 6 | 0 | 4 | 3 | 5 |

## #59

| 2 | 4 | 4 | 0 | 8 | 5 | 9 | 3 | 6 |
| 3 | 6 | 0 | 9 | 2 | 4 | 8 | 4 | 5 |
| 9 | 8 | 5 | 6 | 3 | 4 | 2 | 4 | 0 |
| 8 | 3 | 6 | 4 | 0 | 2 | 4 | 5 | 9 |
| 0 | 4 | 4 | 5 | 9 | 8 | 6 | 2 | 3 |
| 5 | 9 | 2 | 3 | 4 | 6 | 4 | 0 | 8 |
| 4 | 5 | 8 | 2 | 6 | 3 | 0 | 9 | 4 |
| 4 | 2 | 9 | 8 | 5 | 0 | 3 | 6 | 4 |
| 6 | 0 | 3 | 4 | 4 | 9 | 5 | 8 | 2 |

## #60

| 6 | 8 | 0 | 4 | 3 | 4 | 5 | 9 | 2 |
| 3 | 9 | 4 | 8 | 2 | 5 | 0 | 4 | 6 |
| 5 | 4 | 2 | 9 | 0 | 6 | 8 | 3 | 4 |
| 8 | 6 | 9 | 0 | 4 | 2 | 3 | 4 | 5 |
| 0 | 4 | 4 | 5 | 9 | 3 | 2 | 6 | 8 |
| 2 | 5 | 3 | 6 | 8 | 4 | 4 | 0 | 9 |
| 9 | 0 | 6 | 4 | 5 | 8 | 4 | 2 | 3 |
| 4 | 2 | 8 | 3 | 6 | 0 | 9 | 5 | 4 |
| 4 | 3 | 5 | 2 | 4 | 9 | 6 | 8 | 0 |

## #61

| 3 | 0 | 8 | 4 | 9 | 4 | 2 | 6 | 5 |
|---|---|---|---|---|---|---|---|---|
| 2 | 9 | 6 | 3 | 8 | 5 | 4 | 0 | 4 |
| 4 | 4 | 5 | 0 | 2 | 6 | 3 | 8 | 9 |
| 9 | 4 | 4 | 8 | 5 | 2 | 6 | 3 | 0 |
| 0 | 5 | 2 | 4 | 6 | 3 | 8 | 9 | 4 |
| 6 | 8 | 3 | 9 | 0 | 4 | 4 | 5 | 2 |
| 8 | 3 | 4 | 5 | 4 | 0 | 9 | 2 | 6 |
| 4 | 2 | 0 | 6 | 3 | 9 | 5 | 4 | 8 |
| 5 | 6 | 9 | 2 | 4 | 8 | 0 | 4 | 3 |

## #62

| 9 | 0 | 2 | 6 | 4 | 3 | 5 | 8 | 4 |
|---|---|---|---|---|---|---|---|---|
| 3 | 8 | 5 | 0 | 9 | 4 | 4 | 2 | 6 |
| 6 | 4 | 4 | 5 | 8 | 2 | 0 | 3 | 9 |
| 4 | 9 | 0 | 8 | 3 | 4 | 2 | 6 | 5 |
| 5 | 2 | 8 | 9 | 0 | 6 | 3 | 4 | 4 |
| 4 | 6 | 3 | 2 | 4 | 5 | 8 | 9 | 0 |
| 0 | 3 | 9 | 4 | 5 | 8 | 6 | 4 | 2 |
| 8 | 5 | 6 | 4 | 2 | 9 | 4 | 0 | 3 |
| 2 | 4 | 4 | 3 | 6 | 0 | 9 | 5 | 8 |

## #63

| 4 | 6 | 0 | 4 | 2 | 9 | 8 | 5 | 3 |
|---|---|---|---|---|---|---|---|---|
| 3 | 9 | 4 | 6 | 5 | 8 | 2 | 0 | 4 |
| 5 | 2 | 8 | 3 | 4 | 0 | 4 | 9 | 6 |
| 4 | 8 | 3 | 0 | 6 | 5 | 4 | 2 | 9 |
| 2 | 0 | 4 | 8 | 9 | 4 | 6 | 3 | 5 |
| 9 | 5 | 6 | 4 | 3 | 2 | 0 | 8 | 4 |
| 6 | 3 | 2 | 9 | 8 | 4 | 5 | 4 | 0 |
| 8 | 4 | 9 | 5 | 0 | 6 | 3 | 4 | 2 |
| 0 | 4 | 5 | 2 | 4 | 3 | 9 | 6 | 8 |

## #64

| 6 | 4 | 0 | 8 | 9 | 4 | 5 | 3 | 2 |
|---|---|---|---|---|---|---|---|---|
| 8 | 5 | 9 | 6 | 2 | 3 | 0 | 4 | 4 |
| 2 | 4 | 3 | 0 | 4 | 5 | 8 | 6 | 9 |
| 3 | 2 | 6 | 5 | 8 | 0 | 4 | 9 | 4 |
| 4 | 8 | 4 | 3 | 6 | 9 | 2 | 0 | 5 |
| 9 | 0 | 5 | 4 | 4 | 2 | 3 | 8 | 6 |
| 0 | 9 | 4 | 2 | 3 | 6 | 4 | 5 | 8 |
| 4 | 3 | 8 | 9 | 5 | 4 | 6 | 2 | 0 |
| 5 | 6 | 2 | 4 | 0 | 8 | 9 | 4 | 3 |

## #65

| 8 | 3 | 4 | 2 | 9 | 4 | 5 | 6 | 0 |
|---|---|---|---|---|---|---|---|---|
| 6 | 4 | 5 | 3 | 8 | 0 | 4 | 2 | 9 |
| 0 | 2 | 9 | 6 | 5 | 4 | 3 | 4 | 8 |
| 9 | 4 | 3 | 0 | 6 | 2 | 8 | 5 | 4 |
| 5 | 6 | 4 | 8 | 3 | 9 | 2 | 0 | 4 |
| 2 | 8 | 0 | 4 | 4 | 5 | 6 | 9 | 3 |
| 3 | 9 | 6 | 5 | 0 | 8 | 4 | 4 | 2 |
| 4 | 5 | 2 | 9 | 4 | 3 | 0 | 8 | 6 |
| 4 | 0 | 8 | 4 | 2 | 6 | 9 | 3 | 5 |

## #66

| 2 | 9 | 4 | 8 | 3 | 6 | 4 | 5 | 0 |
|---|---|---|---|---|---|---|---|---|
| 6 | 5 | 4 | 4 | 2 | 0 | 8 | 9 | 3 |
| 8 | 0 | 3 | 5 | 4 | 9 | 4 | 2 | 6 |
| 5 | 2 | 6 | 4 | 9 | 3 | 0 | 8 | 4 |
| 4 | 4 | 8 | 6 | 0 | 5 | 9 | 3 | 2 |
| 9 | 3 | 0 | 2 | 8 | 4 | 6 | 4 | 5 |
| 4 | 8 | 5 | 0 | 4 | 2 | 3 | 6 | 9 |
| 0 | 6 | 9 | 3 | 5 | 8 | 2 | 4 | 4 |
| 3 | 4 | 2 | 9 | 6 | 4 | 5 | 0 | 8 |

## #67

| 0 | 8 | 5 | 4 | 4 | 3 | 9 | 2 | 6 |
|---|---|---|---|---|---|---|---|---|
| 4 | 4 | 9 | 5 | 6 | 2 | 3 | 8 | 0 |
| 3 | 2 | 6 | 0 | 9 | 8 | 4 | 5 | 4 |
| 6 | 9 | 2 | 4 | 0 | 5 | 8 | 4 | 3 |
| 5 | 4 | 3 | 6 | 8 | 4 | 0 | 9 | 2 |
| 4 | 0 | 8 | 2 | 3 | 9 | 4 | 6 | 5 |
| 8 | 3 | 0 | 9 | 5 | 6 | 2 | 4 | 4 |
| 2 | 6 | 4 | 8 | 4 | 0 | 5 | 3 | 9 |
| 9 | 5 | 4 | 3 | 2 | 4 | 6 | 0 | 8 |

## #68

| 2 | 3 | 6 | 9 | 4 | 4 | 0 | 5 | 8 |
|---|---|---|---|---|---|---|---|---|
| 5 | 0 | 8 | 3 | 2 | 6 | 9 | 4 | 4 |
| 4 | 9 | 4 | 0 | 8 | 5 | 6 | 3 | 2 |
| 8 | 2 | 5 | 4 | 9 | 0 | 3 | 6 | 4 |
| 6 | 4 | 3 | 5 | 4 | 2 | 8 | 9 | 0 |
| 9 | 4 | 0 | 6 | 3 | 8 | 4 | 2 | 5 |
| 0 | 8 | 2 | 4 | 6 | 9 | 5 | 4 | 3 |
| 3 | 5 | 9 | 2 | 0 | 4 | 4 | 8 | 6 |
| 4 | 6 | 4 | 8 | 5 | 3 | 2 | 0 | 9 |

## #69

| 6 | 4 | 5 | 9 | 0 | 4 | 3 | 2 | 8 |
|---|---|---|---|---|---|---|---|---|
| 4 | 3 | 2 | 4 | 8 | 5 | 9 | 0 | 6 |
| 8 | 9 | 0 | 6 | 2 | 3 | 4 | 4 | 5 |
| 4 | 2 | 3 | 4 | 9 | 6 | 8 | 5 | 0 |
| 5 | 6 | 8 | 2 | 3 | 0 | 4 | 4 | 9 |
| 9 | 0 | 4 | 5 | 4 | 8 | 2 | 6 | 3 |
| 0 | 5 | 4 | 3 | 4 | 9 | 6 | 8 | 2 |
| 2 | 8 | 9 | 0 | 6 | 4 | 5 | 3 | 4 |
| 3 | 4 | 6 | 8 | 5 | 2 | 0 | 9 | 4 |

## #70

| 0 | 3 | 8 | 9 | 4 | 5 | 6 | 2 | 4 |
|---|---|---|---|---|---|---|---|---|
| 9 | 5 | 4 | 4 | 2 | 6 | 8 | 3 | 0 |
| 2 | 6 | 4 | 0 | 3 | 8 | 5 | 4 | 9 |
| 5 | 2 | 3 | 8 | 4 | 0 | 9 | 6 | 4 |
| 4 | 4 | 6 | 5 | 9 | 3 | 2 | 0 | 8 |
| 8 | 9 | 0 | 4 | 6 | 2 | 4 | 5 | 3 |
| 3 | 8 | 2 | 6 | 0 | 9 | 4 | 4 | 5 |
| 6 | 4 | 5 | 3 | 8 | 4 | 0 | 9 | 2 |
| 4 | 0 | 9 | 2 | 5 | 4 | 3 | 8 | 6 |

## #71

| 8 | 0 | 6 | 2 | 4 | 9 | 3 | 5 | 4 |
|---|---|---|---|---|---|---|---|---|
| 9 | 4 | 5 | 6 | 0 | 3 | 4 | 2 | 8 |
| 2 | 4 | 3 | 5 | 8 | 4 | 6 | 0 | 9 |
| 0 | 9 | 2 | 4 | 5 | 6 | 4 | 8 | 3 |
| 3 | 8 | 4 | 0 | 9 | 2 | 5 | 4 | 6 |
| 6 | 5 | 4 | 3 | 4 | 8 | 2 | 9 | 0 |
| 4 | 3 | 9 | 8 | 6 | 5 | 0 | 4 | 2 |
| 5 | 2 | 8 | 4 | 3 | 0 | 9 | 6 | 4 |
| 4 | 6 | 0 | 9 | 2 | 4 | 8 | 3 | 5 |

## #72

| 8 | 6 | 9 | 4 | 0 | 3 | 5 | 4 | 2 |
|---|---|---|---|---|---|---|---|---|
| 0 | 3 | 2 | 4 | 8 | 5 | 6 | 4 | 9 |
| 4 | 4 | 5 | 9 | 2 | 6 | 3 | 8 | 0 |
| 3 | 9 | 4 | 5 | 4 | 2 | 0 | 6 | 8 |
| 6 | 0 | 4 | 8 | 4 | 9 | 2 | 5 | 3 |
| 5 | 2 | 8 | 3 | 6 | 0 | 4 | 9 | 4 |
| 9 | 8 | 6 | 2 | 3 | 4 | 4 | 0 | 5 |
| 4 | 4 | 3 | 0 | 5 | 8 | 9 | 2 | 6 |
| 2 | 5 | 0 | 6 | 9 | 4 | 8 | 3 | 4 |

## #73

| 9 | 6 | 2 | 4 | 4 | 0 | 3 | 5 | 8 |
|---|---|---|---|---|---|---|---|---|
| 3 | 8 | 0 | 6 | 5 | 9 | 4 | 4 | 2 |
| 4 | 5 | 4 | 8 | 3 | 2 | 0 | 9 | 6 |
| 6 | 4 | 5 | 2 | 9 | 3 | 8 | 4 | 0 |
| 2 | 9 | 8 | 4 | 0 | 4 | 6 | 3 | 5 |
| 4 | 0 | 3 | 5 | 8 | 6 | 9 | 2 | 4 |
| 8 | 2 | 6 | 3 | 4 | 4 | 5 | 0 | 9 |
| 0 | 3 | 4 | 9 | 6 | 5 | 2 | 8 | 4 |
| 5 | 4 | 9 | 0 | 2 | 8 | 4 | 6 | 3 |

## #74

| 5 | 3 | 0 | 6 | 4 | 2 | 9 | 4 | 8 |
|---|---|---|---|---|---|---|---|---|
| 2 | 4 | 9 | 5 | 3 | 8 | 4 | 0 | 6 |
| 6 | 4 | 8 | 9 | 0 | 4 | 3 | 5 | 2 |
| 9 | 6 | 2 | 4 | 8 | 5 | 0 | 4 | 3 |
| 8 | 5 | 4 | 3 | 6 | 0 | 2 | 9 | 4 |
| 3 | 0 | 4 | 2 | 9 | 4 | 6 | 8 | 5 |
| 0 | 8 | 3 | 4 | 5 | 6 | 4 | 2 | 9 |
| 4 | 2 | 6 | 8 | 4 | 9 | 5 | 3 | 0 |
| 4 | 9 | 5 | 0 | 2 | 3 | 8 | 6 | 4 |

## #75

| 3 | 5 | 8 | 6 | 4 | 0 | 9 | 2 | 4 |
|---|---|---|---|---|---|---|---|---|
| 0 | 2 | 6 | 4 | 5 | 9 | 8 | 4 | 3 |
| 9 | 4 | 4 | 2 | 3 | 8 | 0 | 6 | 5 |
| 8 | 0 | 2 | 9 | 4 | 3 | 4 | 5 | 6 |
| 4 | 9 | 3 | 5 | 6 | 4 | 2 | 0 | 8 |
| 5 | 6 | 4 | 8 | 0 | 2 | 4 | 3 | 9 |
| 6 | 3 | 0 | 4 | 8 | 4 | 5 | 9 | 2 |
| 2 | 8 | 5 | 0 | 9 | 6 | 3 | 4 | 4 |
| 4 | 4 | 9 | 3 | 2 | 5 | 6 | 8 | 0 |

## #76

| 2 | 8 | 9 | 5 | 3 | 4 | 4 | 0 | 6 |
|---|---|---|---|---|---|---|---|---|
| 0 | 4 | 6 | 9 | 2 | 8 | 3 | 5 | 4 |
| 5 | 3 | 4 | 6 | 0 | 4 | 9 | 8 | 2 |
| 4 | 6 | 0 | 3 | 9 | 2 | 8 | 4 | 5 |
| 8 | 2 | 3 | 4 | 4 | 5 | 0 | 6 | 9 |
| 4 | 9 | 5 | 8 | 6 | 0 | 2 | 4 | 3 |
| 6 | 5 | 2 | 4 | 8 | 9 | 4 | 3 | 0 |
| 3 | 0 | 4 | 2 | 4 | 6 | 5 | 9 | 8 |
| 9 | 4 | 8 | 0 | 5 | 3 | 6 | 2 | 4 |

## #77

| 3 | 6 | 8 | 0 | 4 | 2 | 5 | 9 | 4 |
|---|---|---|---|---|---|---|---|---|
| 4 | 4 | 0 | 6 | 9 | 5 | 3 | 8 | 2 |
| 9 | 2 | 5 | 3 | 8 | 4 | 0 | 4 | 6 |
| 6 | 9 | 3 | 8 | 0 | 4 | 2 | 4 | 5 |
| 5 | 8 | 4 | 4 | 2 | 3 | 9 | 6 | 0 |
| 0 | 4 | 2 | 9 | 5 | 6 | 8 | 3 | 4 |
| 8 | 3 | 4 | 5 | 6 | 0 | 4 | 2 | 9 |
| 2 | 0 | 6 | 4 | 3 | 9 | 4 | 5 | 8 |
| 4 | 5 | 9 | 2 | 4 | 8 | 6 | 0 | 3 |

## #78

| 8 | 4 | 5 | 9 | 4 | 6 | 0 | 2 | 3 |
|---|---|---|---|---|---|---|---|---|
| 6 | 3 | 0 | 4 | 2 | 8 | 9 | 4 | 5 |
| 9 | 4 | 2 | 0 | 5 | 3 | 6 | 4 | 8 |
| 3 | 8 | 4 | 5 | 6 | 9 | 4 | 0 | 2 |
| 2 | 5 | 6 | 8 | 0 | 4 | 3 | 9 | 4 |
| 4 | 0 | 9 | 3 | 4 | 2 | 5 | 8 | 6 |
| 4 | 6 | 4 | 2 | 9 | 5 | 8 | 3 | 0 |
| 5 | 2 | 8 | 4 | 3 | 0 | 4 | 6 | 9 |
| 0 | 9 | 3 | 6 | 8 | 4 | 2 | 5 | 4 |

## #79

| 4 | 5 | 2 | 9 | 0 | 3 | 6 | 8 | 4 |
|---|---|---|---|---|---|---|---|---|
| 0 | 3 | 9 | 6 | 8 | 4 | 4 | 2 | 5 |
| 6 | 4 | 8 | 5 | 4 | 2 | 0 | 9 | 3 |
| 8 | 6 | 0 | 4 | 3 | 5 | 9 | 4 | 2 |
| 4 | 9 | 4 | 0 | 2 | 8 | 3 | 5 | 6 |
| 5 | 2 | 3 | 4 | 6 | 9 | 8 | 4 | 0 |
| 9 | 4 | 6 | 2 | 4 | 0 | 5 | 3 | 8 |
| 3 | 0 | 4 | 8 | 5 | 4 | 2 | 6 | 9 |
| 2 | 8 | 5 | 3 | 9 | 6 | 4 | 0 | 4 |

## #80

| 4 | 0 | 6 | 4 | 5 | 9 | 8 | 3 | 2 |
|---|---|---|---|---|---|---|---|---|
| 5 | 4 | 9 | 3 | 2 | 8 | 4 | 6 | 0 |
| 3 | 8 | 2 | 4 | 6 | 0 | 4 | 9 | 5 |
| 6 | 4 | 0 | 8 | 4 | 5 | 9 | 2 | 3 |
| 9 | 2 | 4 | 0 | 4 | 3 | 6 | 5 | 8 |
| 8 | 5 | 3 | 2 | 9 | 6 | 0 | 4 | 4 |
| 0 | 3 | 5 | 6 | 8 | 4 | 2 | 4 | 9 |
| 2 | 6 | 8 | 9 | 3 | 4 | 5 | 0 | 4 |
| 4 | 9 | 4 | 5 | 0 | 2 | 3 | 8 | 6 |

# #81

| 0 | 4 | 9 | 4 | 2 | 5 | 6 | 3 | 8 |
|---|---|---|---|---|---|---|---|---|
| 3 | 6 | 2 | 0 | 4 | 8 | 4 | 9 | 5 |
| 5 | 4 | 8 | 6 | 9 | 3 | 2 | 0 | 4 |
| 4 | 5 | 4 | 3 | 8 | 2 | 0 | 6 | 9 |
| 8 | 0 | 6 | 4 | 4 | 9 | 3 | 5 | 2 |
| 9 | 2 | 3 | 5 | 6 | 0 | 8 | 4 | 4 |
| 2 | 9 | 5 | 8 | 0 | 6 | 4 | 4 | 3 |
| 4 | 3 | 0 | 2 | 5 | 4 | 9 | 8 | 6 |
| 6 | 8 | 4 | 9 | 3 | 4 | 5 | 2 | 0 |

# #82

| 4 | 4 | 8 | 5 | 6 | 2 | 0 | 3 | 9 |
|---|---|---|---|---|---|---|---|---|
| 5 | 3 | 0 | 4 | 8 | 9 | 4 | 6 | 2 |
| 9 | 6 | 2 | 0 | 3 | 4 | 5 | 4 | 8 |
| 3 | 9 | 5 | 4 | 4 | 6 | 8 | 2 | 0 |
| 4 | 8 | 4 | 9 | 2 | 0 | 6 | 5 | 3 |
| 0 | 2 | 6 | 3 | 5 | 8 | 9 | 4 | 4 |
| 2 | 4 | 3 | 8 | 9 | 5 | 4 | 0 | 6 |
| 8 | 5 | 4 | 6 | 0 | 3 | 2 | 9 | 4 |
| 6 | 0 | 9 | 2 | 4 | 4 | 3 | 8 | 5 |

# #83

| 6 | 4 | 0 | 4 | 9 | 5 | 8 | 2 | 3 |
|---|---|---|---|---|---|---|---|---|
| 2 | 4 | 9 | 6 | 8 | 3 | 5 | 0 | 4 |
| 3 | 8 | 5 | 2 | 4 | 0 | 6 | 4 | 9 |
| 5 | 3 | 6 | 9 | 2 | 4 | 0 | 8 | 4 |
| 4 | 0 | 8 | 5 | 3 | 6 | 9 | 4 | 2 |
| 9 | 2 | 4 | 0 | 4 | 8 | 3 | 5 | 6 |
| 0 | 6 | 4 | 3 | 5 | 2 | 4 | 9 | 8 |
| 4 | 5 | 2 | 8 | 6 | 9 | 4 | 3 | 0 |
| 8 | 9 | 3 | 4 | 0 | 4 | 2 | 6 | 5 |

# #84

| 9 | 5 | 8 | 4 | 0 | 2 | 3 | 6 | 4 |
|---|---|---|---|---|---|---|---|---|
| 0 | 4 | 3 | 9 | 8 | 6 | 4 | 2 | 5 |
| 6 | 4 | 2 | 5 | 3 | 4 | 8 | 9 | 0 |
| 5 | 9 | 4 | 8 | 2 | 3 | 4 | 0 | 6 |
| 8 | 2 | 0 | 6 | 4 | 5 | 9 | 3 | 4 |
| 4 | 3 | 6 | 0 | 9 | 4 | 5 | 8 | 2 |
| 4 | 8 | 4 | 2 | 6 | 9 | 0 | 5 | 3 |
| 3 | 6 | 9 | 4 | 5 | 0 | 2 | 4 | 8 |
| 2 | 0 | 5 | 3 | 4 | 8 | 6 | 4 | 9 |

# #85

| 4 | 9 | 8 | 0 | 4 | 6 | 2 | 5 | 3 |
| 0 | 6 | 2 | 8 | 3 | 5 | 4 | 4 | 9 |
| 5 | 3 | 4 | 4 | 2 | 9 | 8 | 6 | 0 |
| 8 | 4 | 5 | 9 | 0 | 4 | 6 | 3 | 2 |
| 9 | 0 | 6 | 3 | 5 | 2 | 4 | 8 | 4 |
| 2 | 4 | 3 | 6 | 8 | 4 | 0 | 9 | 5 |
| 3 | 5 | 0 | 2 | 6 | 8 | 9 | 4 | 4 |
| 4 | 8 | 4 | 5 | 9 | 0 | 3 | 2 | 6 |
| 6 | 2 | 9 | 4 | 4 | 3 | 5 | 0 | 8 |

# #86

| 8 | 4 | 4 | 0 | 2 | 9 | 3 | 5 | 6 |
| 2 | 3 | 9 | 6 | 8 | 5 | 0 | 4 | 4 |
| 0 | 5 | 6 | 4 | 3 | 4 | 8 | 2 | 9 |
| 3 | 9 | 8 | 5 | 0 | 2 | 6 | 4 | 4 |
| 6 | 4 | 5 | 3 | 4 | 8 | 2 | 9 | 0 |
| 4 | 0 | 2 | 9 | 4 | 6 | 5 | 8 | 3 |
| 4 | 8 | 0 | 2 | 9 | 3 | 4 | 6 | 5 |
| 9 | 6 | 4 | 8 | 5 | 0 | 4 | 3 | 2 |
| 5 | 2 | 3 | 4 | 6 | 4 | 9 | 0 | 8 |

# #87

| 5 | 3 | 4 | 9 | 2 | 0 | 6 | 4 | 8 |
| 4 | 0 | 2 | 6 | 5 | 8 | 9 | 3 | 4 |
| 6 | 8 | 9 | 4 | 3 | 4 | 5 | 2 | 0 |
| 8 | 4 | 3 | 0 | 9 | 5 | 4 | 6 | 2 |
| 9 | 2 | 5 | 8 | 4 | 6 | 0 | 4 | 3 |
| 0 | 4 | 6 | 2 | 4 | 3 | 8 | 9 | 5 |
| 4 | 9 | 0 | 3 | 8 | 4 | 2 | 5 | 6 |
| 3 | 6 | 4 | 5 | 0 | 2 | 4 | 8 | 9 |
| 2 | 5 | 8 | 4 | 6 | 9 | 3 | 0 | 4 |

# #88

| 3 | 4 | 9 | 4 | 6 | 0 | 8 | 2 | 5 |
| 6 | 8 | 5 | 4 | 9 | 2 | 3 | 4 | 0 |
| 2 | 0 | 4 | 5 | 3 | 8 | 6 | 4 | 9 |
| 0 | 9 | 4 | 2 | 8 | 5 | 4 | 6 | 3 |
| 4 | 2 | 6 | 0 | 4 | 3 | 9 | 5 | 8 |
| 5 | 3 | 8 | 6 | 4 | 9 | 2 | 0 | 4 |
| 8 | 6 | 2 | 3 | 0 | 4 | 5 | 9 | 4 |
| 9 | 5 | 0 | 8 | 2 | 4 | 4 | 3 | 6 |
| 4 | 4 | 3 | 9 | 5 | 6 | 0 | 8 | 2 |

## #89

| 2 | 5 | 4 | 0 | 4 | 8 | 6 | 3 | 9 |
|---|---|---|---|---|---|---|---|---|
| 6 | 8 | 3 | 2 | 4 | 9 | 0 | 4 | 5 |
| 9 | 4 | 0 | 3 | 6 | 5 | 4 | 8 | 2 |
| 0 | 9 | 6 | 4 | 8 | 4 | 5 | 2 | 3 |
| 3 | 4 | 5 | 6 | 9 | 2 | 4 | 0 | 8 |
| 8 | 2 | 4 | 5 | 3 | 0 | 9 | 6 | 4 |
| 4 | 0 | 2 | 9 | 5 | 3 | 8 | 4 | 6 |
| 5 | 6 | 8 | 4 | 2 | 4 | 3 | 9 | 0 |
| 4 | 3 | 9 | 8 | 0 | 6 | 2 | 5 | 4 |

## #90

| 0 | 8 | 9 | 5 | 2 | 4 | 4 | 3 | 6 |
|---|---|---|---|---|---|---|---|---|
| 4 | 3 | 5 | 0 | 8 | 6 | 4 | 2 | 9 |
| 2 | 4 | 6 | 9 | 3 | 4 | 5 | 8 | 0 |
| 3 | 2 | 4 | 6 | 5 | 0 | 9 | 4 | 8 |
| 8 | 5 | 0 | 3 | 4 | 9 | 2 | 6 | 4 |
| 6 | 9 | 4 | 8 | 4 | 2 | 3 | 0 | 5 |
| 4 | 0 | 2 | 4 | 9 | 8 | 6 | 5 | 3 |
| 5 | 4 | 8 | 4 | 6 | 3 | 0 | 9 | 2 |
| 9 | 6 | 3 | 2 | 0 | 5 | 8 | 4 | 4 |

## #91

| 4 | 3 | 6 | 9 | 8 | 5 | 2 | 4 | 0 |
|---|---|---|---|---|---|---|---|---|
| 8 | 2 | 9 | 0 | 6 | 4 | 4 | 3 | 5 |
| 0 | 4 | 5 | 3 | 2 | 4 | 6 | 8 | 9 |
| 3 | 5 | 0 | 6 | 9 | 8 | 4 | 2 | 4 |
| 4 | 8 | 2 | 4 | 5 | 0 | 3 | 9 | 6 |
| 9 | 6 | 4 | 4 | 3 | 2 | 5 | 0 | 8 |
| 5 | 9 | 3 | 2 | 0 | 6 | 8 | 4 | 4 |
| 2 | 4 | 8 | 5 | 4 | 9 | 0 | 6 | 3 |
| 6 | 0 | 4 | 8 | 4 | 3 | 9 | 5 | 2 |

## #92

| 9 | 6 | 4 | 0 | 8 | 2 | 5 | 3 | 4 |
|---|---|---|---|---|---|---|---|---|
| 8 | 5 | 3 | 4 | 9 | 4 | 6 | 0 | 2 |
| 0 | 2 | 4 | 5 | 3 | 6 | 8 | 4 | 9 |
| 2 | 4 | 8 | 9 | 0 | 5 | 4 | 6 | 3 |
| 4 | 0 | 6 | 4 | 2 | 3 | 9 | 5 | 8 |
| 5 | 3 | 9 | 6 | 4 | 8 | 4 | 2 | 0 |
| 6 | 9 | 2 | 8 | 5 | 0 | 3 | 4 | 4 |
| 4 | 8 | 0 | 3 | 6 | 4 | 2 | 9 | 5 |
| 3 | 4 | 5 | 2 | 4 | 9 | 0 | 8 | 6 |

## #93

| 8 | 5 | 0 | 9 | 4 | 3 | 6 | 4 | 2 |
|---|---|---|---|---|---|---|---|---|
| 4 | 9 | 2 | 0 | 6 | 4 | 8 | 3 | 5 |
| 3 | 4 | 6 | 8 | 2 | 5 | 9 | 4 | 0 |
| 2 | 8 | 5 | 6 | 3 | 4 | 4 | 0 | 9 |
| 4 | 0 | 9 | 2 | 5 | 8 | 3 | 6 | 4 |
| 6 | 4 | 3 | 4 | 9 | 0 | 2 | 5 | 8 |
| 0 | 3 | 4 | 4 | 8 | 9 | 5 | 2 | 6 |
| 5 | 6 | 8 | 3 | 0 | 2 | 4 | 9 | 4 |
| 9 | 2 | 4 | 5 | 4 | 6 | 0 | 8 | 3 |

## #94

| 8 | 6 | 9 | 5 | 2 | 4 | 3 | 0 | 4 |
|---|---|---|---|---|---|---|---|---|
| 3 | 4 | 0 | 6 | 4 | 8 | 9 | 5 | 2 |
| 5 | 2 | 4 | 3 | 9 | 0 | 8 | 4 | 6 |
| 0 | 8 | 4 | 4 | 3 | 9 | 6 | 2 | 5 |
| 6 | 3 | 5 | 0 | 4 | 2 | 4 | 9 | 8 |
| 9 | 4 | 2 | 8 | 5 | 6 | 4 | 3 | 0 |
| 4 | 5 | 3 | 2 | 8 | 4 | 0 | 6 | 9 |
| 4 | 9 | 6 | 4 | 0 | 5 | 2 | 8 | 3 |
| 2 | 0 | 8 | 9 | 6 | 3 | 5 | 4 | 4 |

## #85

| 8 | 3 | 2 | 6 | 4 | 5 | 4 | 9 | 0 |
|---|---|---|---|---|---|---|---|---|
| 0 | 4 | 4 | 3 | 2 | 9 | 6 | 8 | 5 |
| 9 | 5 | 6 | 8 | 4 | 0 | 3 | 2 | 4 |
| 2 | 9 | 5 | 4 | 8 | 4 | 0 | 3 | 6 |
| 6 | 4 | 0 | 5 | 3 | 2 | 8 | 4 | 9 |
| 3 | 8 | 4 | 0 | 9 | 6 | 2 | 5 | 4 |
| 4 | 6 | 3 | 9 | 5 | 8 | 4 | 0 | 2 |
| 5 | 2 | 8 | 4 | 0 | 4 | 9 | 6 | 3 |
| 4 | 0 | 9 | 2 | 6 | 3 | 5 | 4 | 8 |

## #96

| 5 | 8 | 0 | 4 | 3 | 6 | 9 | 4 | 2 |
|---|---|---|---|---|---|---|---|---|
| 4 | 3 | 6 | 9 | 4 | 2 | 0 | 5 | 8 |
| 4 | 9 | 2 | 0 | 8 | 5 | 6 | 3 | 4 |
| 3 | 2 | 5 | 8 | 0 | 4 | 4 | 9 | 6 |
| 6 | 4 | 9 | 5 | 2 | 3 | 4 | 8 | 0 |
| 0 | 4 | 8 | 6 | 9 | 4 | 3 | 2 | 5 |
| 2 | 5 | 4 | 4 | 6 | 9 | 8 | 0 | 3 |
| 9 | 0 | 3 | 2 | 4 | 8 | 5 | 6 | 4 |
| 8 | 6 | 4 | 3 | 5 | 0 | 2 | 4 | 9 |

## #97

| 3 | 8 | 4 | 4 | 0 | 2 | 6 | 9 | 5 |
|---|---|---|---|---|---|---|---|---|
| 6 | 5 | 0 | 3 | 4 | 9 | 2 | 4 | 8 |
| 2 | 4 | 9 | 8 | 6 | 5 | 3 | 4 | 0 |
| 0 | 2 | 4 | 4 | 9 | 8 | 5 | 3 | 6 |
| 5 | 9 | 8 | 6 | 3 | 0 | 4 | 2 | 4 |
| 4 | 3 | 6 | 2 | 5 | 4 | 8 | 0 | 9 |
| 8 | 6 | 3 | 0 | 4 | 4 | 9 | 5 | 2 |
| 9 | 0 | 2 | 5 | 8 | 3 | 4 | 6 | 4 |
| 4 | 4 | 5 | 9 | 2 | 6 | 0 | 8 | 3 |

## #98

| 8 | 3 | 0 | 4 | 5 | 9 | 6 | 2 | 4 |
|---|---|---|---|---|---|---|---|---|
| 5 | 2 | 6 | 4 | 8 | 0 | 4 | 3 | 9 |
| 4 | 9 | 4 | 2 | 3 | 6 | 8 | 0 | 5 |
| 6 | 8 | 5 | 0 | 4 | 4 | 3 | 9 | 2 |
| 9 | 4 | 4 | 8 | 2 | 3 | 5 | 6 | 0 |
| 2 | 0 | 3 | 9 | 6 | 5 | 4 | 4 | 8 |
| 0 | 4 | 2 | 6 | 4 | 8 | 9 | 5 | 3 |
| 4 | 5 | 8 | 3 | 9 | 2 | 0 | 4 | 6 |
| 3 | 6 | 9 | 5 | 0 | 4 | 2 | 8 | 4 |

## #99

| 8 | 3 | 4 | 9 | 6 | 2 | 4 | 5 | 0 |
|---|---|---|---|---|---|---|---|---|
| 2 | 9 | 6 | 0 | 4 | 5 | 8 | 3 | 4 |
| 0 | 4 | 5 | 4 | 8 | 3 | 9 | 6 | 2 |
| 6 | 4 | 4 | 3 | 2 | 8 | 0 | 9 | 5 |
| 5 | 8 | 3 | 6 | 0 | 9 | 4 | 2 | 4 |
| 9 | 0 | 2 | 4 | 5 | 4 | 3 | 8 | 6 |
| 4 | 6 | 8 | 5 | 9 | 0 | 2 | 4 | 3 |
| 3 | 5 | 9 | 2 | 4 | 4 | 6 | 0 | 8 |
| 4 | 2 | 0 | 8 | 3 | 6 | 5 | 4 | 9 |

## #100

| 5 | 9 | 3 | 2 | 6 | 0 | 4 | 8 | 4 |
|---|---|---|---|---|---|---|---|---|
| 8 | 4 | 6 | 9 | 3 | 4 | 5 | 2 | 0 |
| 4 | 0 | 2 | 4 | 8 | 5 | 3 | 6 | 9 |
| 2 | 5 | 0 | 6 | 4 | 8 | 9 | 4 | 3 |
| 6 | 8 | 4 | 5 | 9 | 3 | 0 | 4 | 2 |
| 3 | 4 | 9 | 0 | 4 | 2 | 6 | 5 | 8 |
| 4 | 3 | 4 | 8 | 5 | 9 | 2 | 0 | 6 |
| 0 | 6 | 8 | 3 | 2 | 4 | 4 | 9 | 5 |
| 9 | 2 | 5 | 4 | 0 | 6 | 8 | 3 | 4 |

Made in the USA
Middletown, DE
15 October 2020

22042050R00071